1

J'ai rencontré Frédéric Orsell, le père de Taliane, le 31 décembre 1991. C'était à une fête de la Saint Sylvestre organisée par ses amis et lui. C'est le couple d'amis où j'étais hébergée qui m'y avait emmenée. J'avais alors 21 ans. Je vivais à Brazzaville, au Congo, mon pays natal et je passais souvent mes vacances en France, à Paris, parce que j'aimais bien cette ville. Je la trouvais magique !

Cette année-là, en cette période de fêtes de fin d'année, je n'y étais pas vraiment pour les vacances mais pour affaire, s'il faut parler ainsi. C'était l'époque où mes parents faisaient le commerce de champagnes. Papa travaillait à Air Afrique et maman Brigitte (la femme de mon père) à Air France. Ce double avantage nous permettait d'avoir des billets gratuits pour voyager autant qu'on voulait dans l'année.

Pour mettre du beurre dans les épinards, mes parents avaient entrepris un commerce très lucratif de champagnes entre Brazzaville et Paris. Nous les enfants, nous étions chargés de faire le voyage pour acheter la marchandise. Ce qui n'était pas pour nous déplaire, car nous adorions tous voyager dans la famille, surtout en direction de Paris. Ces voyages pour le commerce familial se faisaient à tour de rôle entre mes frères et moi. Pour cette fin d'année, ça tombait sur moi. J'étais contente de pouvoir passer l'hiver à Paris et pouvoir voir la neige. Car j'adorais la neige dans les films à la télé. J'en rêvais. Je me disais que j'aimerais être à Paris pendant l'hiver pour voir la neige. Les autres fois où je venais en France, c'était toujours pendant l'été, la période des grandes vacances et il faisait très chaud.

Cette fois, pour mon séjour parisien, au lieu d'aller à Montrouge chez mes jeunes oncles (nous avions presque le même âge, à quelques années près), dans la banlieue sud de Paris où j'avais l'habitude de me faire héberger, j'avais choisi d'aller chez ma copine Viviane qui était nouvellement marié à Tanguy son amoureux de toujours. C'était de vrais jeunes mariés. Viviane avait 22 ans et lui, 23 ans. Tous les deux étaient originaires du Sénégal. Ils habitaient à la Courneuve, dans la banlieue nord de Paris.

Tonton Gégé (un ami des parents) s'était chargé d'acheter tous les champagnes selon les instructions de mes parents et me les avaient livrés, dès le début de mon séjour. Je pouvais tranquillement jouir de cette période de fêtes tout le reste de mon séjour d'une semaine.

La veille du réveillon, Tanguy nous annonça qu'il était tombé par hasard sur un camarade du collège, un métis d'origine ghanéenne. Cela faisait des années qu'ils s'étaient perdus de vue. Il l'invitait à une fête qu'ils organisaient, sa bande de copains et lui pour le 31 décembre. Tanguy ne savait pas trop s'il avait envie d'y aller car il n'était pas très proche de ce copain ghanéen et il ne savait pas si on allait s'amuser. Tanguy et Viviane étaient sénégalais, ils n'avaient certainement pas les mêmes délires que les ghanéens en matière d'amusement, surtout pour une fête de fin d'année.

Finalement, le 31 dans la journée, c'était décidé ! On allait tous y aller ! Puisqu'on n'avait pas d'autre « plan » ! Moi ça m'était égal. Tout ce que je voulais, c'était m'amuser quel que soit le milieu.

Nous sommes arrivés à la fête, il était plus de minuit. La fête battait son plein. C'est Frédéric, le fameux ami ghanéen qui est venu nous accueillir à la porte. C'est là que je le vis pour la première fois. Toutefois je ne fis pas attention à lui. Il m'était complètement indifférent. Il a pris nos manteaux et nous a installés.

Vers 4 heures du matin, je commençais à m'ennuyer car la musique n'était pas tout à fait à mon goût. J'étais assise à une chaise à observer les invités sur la piste de danse et là, mon regard s'est posé sur Frédéric. Il était assis pas loin de moi. Lui aussi semblait ne plus s'amuser. La piste de danse se vidait progressivement et je pouvais voir distinctement les personnes autour de la pièce. Je me suis alors mise à l'observer de près. De profil, il n'était plutôt pas mal comme garçon, métis un peu trapu, pas très grand, environ 1,76m. Je le trouvais finalement à mon goût.

Quand Tanguy est venu m'inviter à danser, je lui ai fait comprendre que ce garçon qui nous avait invités me plaisait et que j'aimerais en savoir plus sur lui. Il comprit le message. Pendant qu'on était sur la piste et que Frédéric aussi de son côté s'était levé pour danser avec une fille qu'il connaissait certainement, jouant les entremetteurs, Tanguy lui fit signe de danser avec moi et nous avons échangé nos partenaires. C'est ainsi que je me retrouvais à danser avec lui. J'ai su qu'il s'appelait Frédéric Orsell mais que tout le monde l'appelait Fred. C'était plus court et plus cool, me dit-il. Il était Franco-Ghanéen. Son père était ghanéen et sa mère française. Nous avons discuté un bon moment. Puis à la fin de la soirée, il était question qu'on se revoie peut-être. Je lui dis que je passais mes vacances chez Viviane et Tanguy. J'arrivais à la fin de mon séjour puisque dans deux jours, je devais reprendre l'avion pour rentrer chez moi au Congo. Nous étions samedi et je partais lundi soir. S'il voulait me revoir avant mon départ, il devait appeler Tanguy. À l'époque, les téléphones portables n'étaient pas aussi répandus qu'aujourd'hui. Je ne connaissais personne qui en avait, même si j'en avais déjà entendu parler. Le seul moyen qu'il avait de me joindre, c'était en appelant Tanguy chez lui.

Ainsi, le lendemain dans la journée, ce dernier reçut un appel. C'était lui ! J'étais aux anges. Tanguy qui connaissait mes intentions, l'invita immédiatement à dîner et l'enjoignit de ne pas oublier sa brosse à dents, en d'autres termes cela voulait dire qu'il passerait la nuit sur place.

Il est venu dîner comme prévu et quand je l'ai vu arriver ce soir-là, je l'ai trouvé encore plus craquant.

Après avoir discuté une bonne partie de la soirée, il était l'heure d'aller se coucher. On commençait tous à être fatigués.

Viviane se demandait où elle allait loger notre invité. Je lui suggérai de lui proposer de partager ma chambre, cela ne pouvait que le ravir, même s'il fit mine de rien.

Tout le monde se retira chacun dans sa chambre et nous nous retrouvâmes tous les deux dans ma chambre. Je me déshabillai puis j'enfilai un tee-shirt en guise de pyjama sans enlever mon collant. J'étais très frileuse (et pour cause ! je venais droit du Congo !). Et puis, ça me permettait de tenir mon invité en respect. Même si j'avais voulu qu'il partageât mon lit, je n'étais pas prête à coucher avec lui dès notre première nuit ensemble.

En France, les filles couchaient peut-être facilement, mais au Congo les filles se faisaient un devoir de ne pas coucher facilement, de peur de passer pour une fille légère. En plus, nous avions pour habitude de laisser mariner un homme pendant au moins trois mois. Je n'allais pas déroger à cette règle pour ce beau ténébreux. Nous passâmes toute la nuit à discuter de choses et d'autres. Il me dit qu'il avait rencontré une fille trois jours auparavant et que ce n'était pas sérieux entre eux. Cet aveu ne me fit aucun effet. En ce temps-là, très volage moi-même, je ne voyais aucun inconvénient à ce qu'un homme que je venais de rencontrer eût une copine.

Notre discussion était entrecoupée de longs moments de tendresse pendant lesquels nous nous embrassions langoureusement. Contrairement à ce qui se passait avec d'autres hommes que j'avais connus jusque-là, mes hormones n'étaient pas en ébullition. J'arrivais assez bien à les maîtriser. Je ne ressentais aucune envie de faire l'amour avec lui. J'avais juste envie d'être dans ses bras et d'échanger de longs baisers. C'était merveilleux de l'embrasser et de sentir son corps musclé m'enlacer. Je me sentais tout simplement bien avec lui. Je ne sais pas si j'étais en train de tomber amoureuse. Je savais seulement que le lendemain quand je partirai, il me manquerait.

Après cette longue discussion nocturne, nous n'avions pu dormir qu'à partir de 5 heures du matin. Le lendemain nous fîmes la grasse matinée. Je devais prendre mon avion le soir. La journée se passa tranquillement. Je rangeai mes affaires dans l'après-midi sous son regard attentif. Il me donna son adresse postale.

Le soir il m'accompagna avec Tanguy et Viviane à l'aéroport. Nous nous fîmes nos adieux. Je lui promis de lui écrire régulièrement et il me fit la même promesse en retour.

Je tins parole quand je rentrai au Congo. Nous nous écrivions régulièrement. Tous les mois, j'avais une lettre de sa part. Jusqu'au jour où il m'annonça que sa relation avec la fille qu'il avait rencontrée avant de me connaître était devenue sérieuse avec le temps et qu'ils avaient décidé de s'installer ensemble. Dans sa lettre, il me demandait si j'acceptais qu'il fût pour moi un amant par intermittence pendant mes séjours parisiens. Dans un premier temps sous le choc, j'ai refusé sa proposition que je trouvais totalement indécente. J'arrêtai de lui écrire pendant plusieurs mois, frustrée de voir qu'il partageait désormais sa vie avec une autre. Puis, je finis par me rendre à l'évidence. Même si je n'avais passé qu'une nuit avec lui, je n'arrivais pas à l'oublier.

∴

Quand je revins passer mes vacances à Paris au cours de l'été 1992, je lui envoyai une carte postale sur laquelle je lui annonçai mon passage à Paris. Je ne me souviens plus s'il me répondit. Toujours est-il que je n'allais pas passer toutes mes vacances à Paris même, car mon père avait décidé que je devais aller soutenir ma tante qui était malade à Caen et qui souffrait de solitude. C'est ainsi que je passai tout l'été à Caen au lieu de Paris.

En décembre 1993, je revins à Paris pour y passer les fêtes de fin d'année en compagnie de ma sœur Ursula. J'étais ravie parce que j'allais enfin pouvoir le revoir. C'est qu'il m'avait tapé dans l'œil, ce Frédéric Orsell. Depuis que j'avais fait sa connaissance et cette nuit que nous avions passée ensemble chez mes amis Viviane et Tanguy, il m'était tout simplement impossible de l'oublier. Je l'avais désormais dans la peau. Il était pour moi l'homme parfait, celui dont j'avais toujours rêvé. Un beau métis (avant je n'aimais ni les blancs ni les noirs, je n'aimais que les métis, certainement à cause du mélange de cultures), intelligent, de bonne éducation et cette voix suave, un peu rauque quand il me parlait, me faisait tout simplement craquer. Cette nuit que j'avais passée à la Courneuve en sa compagnie resterait à jamais gravée dans ma mémoire.

Chaque fois que j'arrivais à Paris, je lui annonçais mon arrivée par une carte postale. Je lui transmettais le numéro de téléphone où il pouvait me joindre. J'avais précieusement gardé son adresse et je l'avais bien enregistrée dans ma tête et aussi dans mon cœur. Quand il recevait ma carte, il se pressait toujours de m'appeler au numéro que je lui avais indiqué.

Cet hiver-là, je lui dis que j'habitais à Montrouge chez mes oncles. J'y suis restée un bout de temps.Ursula et moi avions retrouvé Nikki, notre amie de lycée qui poursuivait ses études à Paris. Nikki avait un tempérament d'aventurière. Elle avait réussi à nous convaincre Ursula et moi, de nous inscrire dans une université du coin afin que nous puissions toutes les trois nous retrouver dans la même ville, alors que selon la loi française, il nous fallait passer par l'ambassade de France au Congo pour les inscriptions universitaires. Heureusement pour Ursula et moi, l'aîné de nos oncles de Montrouge était professeur à l'université de Sceaux. C'est lui qui réussit à nous décrocher des dossiers de demande d'inscription à l'académie. Nous restâmes plus longtemps que prévu pour attendre les réponses de ces demandes d'inscription. Et pendant tout ce temps nous jouions les petites parisiennes à sortir en boîte de nuit tous les week-ends et à faire les boutiques.

Avec Fred, nous nous sommes revus une première fois. Puis une autre fois. Nous avions entamé une relation platonique dans laquelle j'avais accepté d'être la fille de l'ombre puisqu'il vivait en couple avec celle qui deviendra plus tard sa femme. Elle s'appelait Ruth. Mais pour moi, c'est comme si elle n'existait pas. J'étais à Paris et je comptais bien profiter du temps que Fred consacrerait à notre relation. Nous passions un après-midi par-ci, un après-midi par-là. Juste des petits instants en cachette pour nous adonner à une passion furtive qui nous dévorait tendrement les entrailles sans que nous puissions dire ce que c'était. Etait-ce l'amour ? Je n'en savais rien. Tout ce que je savais c'est que j'aimais ça. J'appréciais chaque minute que je passais avec cet homme dont j'ignorais tout sauf le peu qu'il me disait de lui. Mais je me sentais tellement bien avec lui comme s'il avait toujours fait partie de moi et je n'en demandais pas plus. Le peu qu'il me donnait me suffisait largement. Nous nous voyions une fois par semaine et juste un après-midi de 2 ou 3 heures. Tout se passait selon ses règles et je les acceptais sans broncher, parce que je ne pouvais faire autrement. Je l'avais dans la peau. Pour moi ces après-midis étaient précieux. Ces moments que nous passions à nous promener main dans la main dans les jardins de Paris, à discuter, à échanger des baisers avec tendresse étaient tout simplement magiques. Nous ne nous disions jamais « je t'aime » mais nous le pensions très fort. Tout dans nos gestes, dans nos paroles et notre regard trahissait ce que nous ressentions l'un pour l'autre. Je n'en voulais pas plus. Il n'en demandait pas plus non plus. Tout était parfait dans le meilleur des mondes.

Un jour qu'il savait que Ruth serait absente tout le week-end, il me proposa de passer la nuit avec lui. Il m'expliqua que Ruth était bouddhiste et se déplaçait parfois pour des stages de méditation d'un week-end. À vrai dire, je m'en fichais royalement de ce qu'elle pouvait bien faire de son temps loin de Fred. Elle était absente et la place était libre, pour moi c'est tout ce qui comptait.

C'était la première fois que je passais la nuit avec lui, et c'était aussi la première fois que nous allions passer la nuit ensemble après cette fameuse nuit à la Courneuve. Nous étions au mois de février 1994. Cela faisait déjà 2 ans ! Deux années de « love PTT* » comme disait une amie, pour parler de l'amour par correspondance.

Cette nuit, nous allions enfin nous aimer pour de bon, dans un corps à corps langoureux et passionnel. Je l'aimais. Et lui aussi, je le sentais dans ses gestes emprunts de douceur et de tendresse. Aucune bestialité dans les actes. Il n'était pas pressé de me posséder et moi je n'étais pas pressée de me donner à lui. Nous prenions notre temps. Tout n'était que douceur infinie. Je sentais son cœur battre dans sa poitrine et le mien battait encore deux fois plus vite. C'était lui l'homme de ma vie, il n'y avait rien à faire. Je l'avais dans la peau. Inutile de le lui dire. Les mots n'étaient pas assez forts pour exprimer ce que je ressentais à cet instant. Alors je me taisais. Et lui aussi. Nos cœurs battaient à l'unisson. J'entendais son souffle sur moi pendant qu'il explorait mon corps étendu, nu à côté de lui. J'étais tout à lui. Plus rien n'avait d'importance. Il m'embrassait doucement sur la bouche du bout de ses lèvres aussi pulpeuses que les miennes, gorgées de désir. Il poursuivait cette salve de petits baisers lentement sur les joues, sur le nez, sur les yeux, sur le front et revenait m'embrasser avec une fougue doublée de douceur qui rendait cet échange labial exquis. Mon corps était chaud abandonné à ses bras musclés, prêt à l'accueillir en moi. Je frissonnais de désir. J'avais hâte qu'il vienne en moi. Quant à lui, il continuait d'explorer mon corps langoureusement avec ses mains. Il tenait à découvrir chaque recoin de ma sculpturale architecture qu'il voyait pour la première fois. On aurait dit qu'il tenait à graver en lui chaque partie de mon corps. Il faut dire que j'étais plutôt bien faite. Je faisais beaucoup de natation à l'époque et j'avais un corps harmonieusement musclé. Je n'avais pas une poitrine généreuse et c'était tant mieux. Les africains en général contrairement aux occidentaux ne sont pas obnubilés par les grosses poitrines. Ils préfèrent les femmes au bassin bien fourni. À ce niveau-là, il y avait de quoi faire. J'avais une petite taille de guêpe, et la nature avait été généreuse en m'offrant un postérieur aussi large qu'il était dodu. Je n'avais donc rien à craindre de cette exploration amoureuse de mon anatomie. Fred quant à lui, faisant honneur à ces ancêtres, était bâtit comme un guerrier Songhaï. Physiquement, nous étions parfaitement bien accordés pour nous abandonner l'un à l'autre dans ce ballet érotique que se livrent les amoureux l'un dans l'autre dans un lit.

C'était la plus belle nuit d'amour de toute ma vie. Nous avions fait l'amour comme je ne l'avais jamais fait avec personne. Cette nuit, j'avais compris que cet homme, je l'aimerais toute ma vie. Je ne pouvais faire autrement que de l'aimer. Je le redis encore une fois, je l'avais dans la peau.

Le lendemain au petit matin, il m'accompagna prendre un taxi et plutôt que de m'embrasser sur la bouche comme le font tous les amoureux du monde, il me fit un doux baiser sur le front, et quand je m'installai dans le taxi pour partir, il m'envoya un baiser volant de sa main. Je l'en aimais encore plus. Cet homme était vraiment exceptionnel.

Les jours qui ont suivi, je n'ai plus eu de nouvelles. Je n'arrivais à le joindre nulle part. Il ne répondait pas à mes courriers. J'étais perplexe. Il avait l'habitude de m'appeler vers 14 heures et souvent le mercredi. Pour cette raison, chaque fois qu'Ursula et Nikki me proposaient de sortir un mercredi après-midi, je refusais. Je leur répondais que je ne voulais pas rater l'appel de Fred. Toutes les semaines c'était pareil, je déclinais toute proposition de sortie tant que je n'avais pas reçu l'appel de Fred. Je passais mes journées à surveiller le téléphone, surtout les mercredis. Je devenais totalement nerveuse quand quelqu'un mobilisait la ligne de téléphone pendant trop longtemps car je craignais de rater son appel. Je pensais tellement à lui que j'en devenais malade. Je ne voulais plus sortir avec Ursula et Nikki. Je préférais m'enfermer à la maison à attendre l'appel éventuel de l'homme qui hantait mes nuits et mes journées. J'étais triste de ne pas avoir de ses nouvelles. Parfois je pleurais parce que je ne comprenais pas son silence. M'avait-il complètement oublié après cette nuit enfiévrée ? J'étais complètement abattue. Je dépérissais à vue d'œil.

Tout le monde dans la famille savait que j'étais amoureuse d'un garçon nommé Frédéric Orsell que personne ne voyait jamais mais qui était responsable de mon état. Mon désarroi face à ce silence de plusieurs jours après notre première nuit d'amour était perceptible. Même si mes jeunes oncles s'inquiétaient de me voir dans cet état déplorable pour un homme, ils ne pouvaient s'empêcher de se moquer gentiment de moi. Ils ne comprenaient pas qu'on puisse se rendre malade à ce point pour un garçon. Il lui avait trouvé un petit nom « Freddy ». C'était tellement fort ce que je ressentais pour Fred que Nikki avait baptisé le fait de tomber follement amoureuse d'un homme de « maladie de Fred Orsell ».

Un jour que Nikki était venue à Montrouge me voir. Cela faisait plusieurs jours que nous ne nous étions pas vues. Puisque je refusais de sortir tant que je n'avais pas de nouvelle de Frédéric. Elle me lança de go :

- Segy, devine quoi ? J'ai attrapé la maladie de Fred Orsell.

- Pardon ? Je ne comprends pas ce que tu veux dire.

- Je veux dire que je suis tombée amoureuse d'un garçon, pardi !

- Ah d'accord ! Tu appelles ça maladie, toi !

- Tu as vu dans quel état il t'a mise ce garçon ? Je suis dans le même état, je suis complètement dingue d'un garçon que j'ai rencontré récemment. Il s'appelle Greg.

J'éclatai de rire. Puis je me rendis compte qu'elle avait raison. J'étais complètement malade d'amour pour Fred. Je l'avais dans la peau. Je ne savais plus comment faire pour le voir, sinon attendre patiemment qu'il m'appelât. Je n'avais que le numéro du domicile de sa mère. Il n'avait jamais voulu me donner son numéro de téléphone pour éviter toute confrontation avec Ruth si je tombais sur elle.

∴

Quand je trouvais le temps trop long, les filles et moi inventions toute sorte de subterfuge pour le rencontrer. Je me souviens de la fois où j'ai fait appeler ma jeune belle tante, Sidonie chez sa mère afin qu'elle se fît passer pour une vieille connaissance qui voulait avoir de ses nouvelles et avoir son numéro de téléphone, en vain. Une autre fois, Nikki lasse de me voir ainsi cloitrée chez moi, décida de prendre les choses en mains. Elle me demanda le numéro de la mère de Fred, me dit que puisque cette bonne femme jouait les mères protectrices de la vie privée de son fils, peut-être accepterait-elle de lâcher du lest face à une américaine venue directement de New-York. Elle composa le numéro et emprunta l'accent américain pour parler à madame Orsell dans le but d'obtenir le numéro de Fred. L'idée était de faire croire qu'elle avait un colis pour lui de la part d'un certain monsieur Bâ, que Fred et moi connaissions à l'époque. Il travaillait à Air Afrique et vivait à Accra. Nikki était tellement convaincante dans le rôle de l'américaine que la mère de Fred avait fini par lâcher le morceau. Elle lui communiqua le numéro de Fred. Elle qui s'était montrée distante avec Sidonie auparavant, la voilà prêt à communiquer le numéro de téléphone de son fils à une inconnue sous prétexte qu'elle était américaine !

Une fois le numéro en main, Nikki qui avait de la suite dans les idées entreprit d'appeler Fred. C'est Ruth qui répondit. Très polie et très gentille, elle demanda à qui elle voulait parler, quand Nikki répondit (toujours avec l'accent américain) que c'est à Fred qu'elle souhaitait s'adresser, elle lui passa le combiné. Mais ce dernier n'étant pas dupe avait tout de suite perçu la supercherie et se montra très distant au téléphone. Cependant Nikki ne se laissa pas démonter par sa froideur et lui fixa rendez-vous à Porte de Vincennes deux jours après pour lui remettre le prétendu colis. Bien entendu, c'était moi qui allais m'y rendre. Ce rendez-vous, c'était pour le retrouver.

Après avoir raccroché, cette chère Nikki me sentant impatiente de savoir ce qui s'était réellement dit, même si je me tenais à côté pour tenter de capter la conversation, elle me fit le compte rendu et finit par lancer d'un ton badin : « bon, maintenant que tu as des nouvelles de ton Freddy, on peut sortir ? ». Nous étions un jeudi soir et souvent il y avait des soirées spéciales, gratuites pour les filles en boîte. Elle ne croyait pas si bien dire ! J'étais tellement heureuse que j'ai accepté une virée en boîte ce soir-là. Auparavant, on aimait bien s'amuser. Il faut dire qu'on n'avait que 23 ans !

Quand le jour du rendez-vous fixé par Nikki arriva, je n'eus pas le courage de me pointer au rendez-vous. Même si Nikki insista pour m'accompagner, je refusai d'y aller. J'avais un mauvais pressentiment. Grand bien m'en a pris ! En effet, la fois où j'ai revu Fred, pour ainsi dire, juste quelques jours après lui avoir posé ce lapin (c'est lui m'avait rappelé me disant qu'il voulait qu'on se voie à notre lieu de rendez-vous habituel, au jardin de Luxembourg), il me confia que Ruth soupçonneuse, avait tenu à l'accompagner à Porte de Vincennes. Quel scandale c'eût été ! Je ne la connaissais pas mais d'après Fred, moqueur, elle n'aurait fait qu'une bouchée de moi ! C'était une descendante des amazones du Dahomey, tout de même !

De toute façon, je m'en fichais, seul lui comptait à mes yeux. Un seul appel de lui me redonnait le sourire et un seul rendez-vous d'une heure passé avec lui pouvait ensoleiller toute une semaine de grisaille dans ma vie. J'étais totalement folle dingue de ce type. Il faut dire qu'il était beau et rien que d'entendre le son de sa voix, je me sentais défaillir. Notre passion a duré pendant tout l'hiver.

Par un jour de printemps qu'on avait rendez-vous ensemble, il m'annonça la fameuse nouvelle. Je me souviendrai toute ma vie de ce jour-là. Nous avions passé notre heure hebdomadaire ensemble à bavarder gentiment et à la fin de notre rendez-vous, il me raccompagna jusqu'à la station de métro où j'avais un rendez-vous avec Nikki. C'était à Nation sur le quai. Nous attendions le RER, et là il me dit calmement qu'il nous aimait toutes les deux Ruth et moi, car il croyait qu'il était possible d'aimer deux personnes en même temps, mais que Ruth était celle avec laquelle il avait décidé de passer le reste de sa vie. Je reçus cette déclaration comme un coup de poignard dans la poitrine. Cependant avec toute la dignité qui me caractérisait, je fis mine de rien et je lui dis tout simplement que je lui souhaitais d'être heureux.

Quand ma copine Nikki arriva, je fis les présentations. Fred très perspicace me demanda si c'était elle, « l'américaine ». J'acquiesçai, ne voyant pas l'intérêt de nier puisque que de toute façon c'était fini entre nous. Puis on s'est dit au revoir.

Nikki mettait enfin un visage sur Frédéric Orsell, celui qui me rendait aussi dingue. Elle reconnut qu'il y avait de quoi. Je ne le vis plus jamais jusqu'à mon retour au Congo à la fin de ce printemps 1994.

Nos demandes d'inscription à l'université de Sceaux avaient été acceptées et il nous fallait repartir demander nos visas étudiants à l'ambassade de France à Brazzaville et revenir pour la rentrée universitaire en septembre.

2

Quand j'ai rencontré Fred, j'étais étudiante au Congo, à l'université Marien Ngouabi de Brazzaville. J'étais en 2ième année de Langues vivantes étrangères (L.V.E) à la faculté de Batardelle. J'apprenais l'Anglais et l'Espagnole. C'était une période trouble parsemée de grève. À plusieurs reprises, l'université avait fermé. Nous ne savions pas, en tant qu'étudiants, si nous allions terminer l'année universitaire et passer notre DEUG*. L'instabilité politique régnait à cause des élections qui allaient avoir lieu. Les gens redoutaient une guerre civile. L'insécurité était présente dans toute la ville et on entendait souvent des coups de feu dans la nuit. Le rectorat avait finalement décidé de fermer l'université jusqu'à nouvel ordre pour ne pas mettre en danger les étudiants. L'année blanche fut décrétée.

C'est dans ce contexte que ma sœur Ursula et moi qui faisions souvent des allers-retours à Paris pour le commerce de champagne des parents, décidâmes de tenter notre chance (sous les conseils de notre amie Nikki installée en France) de quitter définitivement le pays pour la France. Notre oncle Michel travaillait à la faculté de Sceaux et pouvait nous aider à trouver des inscriptions. Nous n'aurions plus qu'à obtenir notre visa pour faire nos études en France. Ce qui fût fait.

J'arrivai en France au mois d'octobre 1994. Je m'installai d'abord chez mon cousin Olivier vers Marne la vallée, au nord-est de la banlieue parisienne. Puis quelques mois plus tard, je trouvai une place de fille au pair chez Mme Brume à Fontenay aux roses dans la banlieue sud de Paris. Je l'avais surnommée « Ya Paty », du fait qu'elle s'appelait Patricia et qu'elle était extrêmement gentille et bienveillante à mon égard. « Yaya » en congolais signifie grande sœur. Et comme elle n'était pas assez âgée pour être ma mère, je décidai qu'elle serait une grande sœur.

Ya Paty était une femme grande et mince d'à peine 40 ans avec une voix rauque due à l'excès de cigarettes. Elle vivait dans une grande maison. Fontenay aux roses était proche de la fac, ce qui n'était pas pour me déplaire. C'est parce qu'elle voulait une étudiante pour garder ses filles qu'elle avait mis son annonce à la fac plutôt que de passer par une agence de baby sitting classique. J'ai répondu à l'annonce et c'est ainsi que je me suis retrouvée à vivre dans la maison de mes rêves.

En effet, la première fois que je suis venue à l'entretien, j'étais impressionnée par l'immensité de la maison. Je croyais que ce genre de maison n'existait que dans les films. C'était une maison à deux étages. Au premier niveau se trouvait une cuisine américaine qui donnait sur la salle à manger à côté du salon. La décoration kitsch du salon trahissait le métier artistique de la maîtresse des lieux. Elle était professeure d'art décoratif. L'escalier en bois qui menait à l'étage laissait deviner que le sol à l'étage était du parquet et le couloir menait à trois chambres et à une salle de bains avec douche et baignoire. Les toilettes étaient juste à côté. Au deuxième étage, il y avait sa chambre, une salle de jeux pour les filles où se trouvait aussi une télé, une salle de couture et une autre salle de bain pareil à celle du 1er étage avec douche et baignoire. Dès le jour de l'entretien, elle m'a fait visiter la maison et m'a expliqué les modalités de garde et le salaire que j'allais percevoir en tant que nounou, deux soirs par semaine. C'était plus que je ne pouvais rêver. Mais elle m'a dit qu'elle avait d'autres personnes à voir et ensuite elle m'appellerait dans la semaine.

Nous étions lundi soir. J'étais tellement émerveillée par la maison que je priais les jours suivants qu'elle retînt ma candidature. J'avais hâte de partir de chez mon cousin qui m'hébergeait, car c'était trop loin de la fac et l'ambiance n'était pas folichonne à l'appartement. Il habitait vers Marne la vallée et le transport jusqu'à la fac me faisait 2 heures aller et 2 heures retour. J'étais épuisée par ce rythme et cette place chez Mme Brume tombait à pic.

Quand le jeudi suivant elle m'a appelée pour me dire qu'elle m'embauchait et que je pouvais emménager dès le dimanche, j'étais aux anges. Après avoir raccroché le téléphone, je me suis mise à danser comme une folle dans ma chambre tellement j'étais heureuse. Fini les sautes d'humeur de mon cousin, fini les longs trajets à n'en pas finir pour aller et revenir de la fac sous le froid. Nous étions en début février et il faisait très froid à Paris. Pour moi qui venais de mon Congo natal l'adaptation était rude.

J'avais mon premier boulot en tant que fille au pair avec un petit salaire de 500 francs par mois (environ 76 euros). J'avais une chambre au premier étage à côté des chambres des enfants. J'avais ma propre ligne téléphonique et je pouvais disposer de la maison comme je voulais. Ya Paty était une femme généreuse avec un grand cœur. Elle était très aimable avec moi et me traitait vraiment comme un membre de la famille. Ses filles étaient adorables. J'étais ravie. La plus grande qui avait 9 ans, avait des cheveux bruns et courts, disons une coupe au carré, et la plus jeune avait 5 ans avec des cheveux blonds frisés qui lui arrivaient aux épaules. Les deux sœurs ne se ressemblaient pas du tout. Autant la plus petite ressemblait à sa mère qui, malgré sa maigreur, était très jolie. Autant la plus grande, un peu en surpoids, ressemblait visiblement à son père, le grand absent de la famille.

Ya Paty allait me confier plus tard qu'elle était en pleine procédure de divorce. Elle m'expliqua que son mari l'avait quittée. Il lui avait laissé cette grande maison avec les enfants pour s'installer avec une femme beaucoup plus jeune que lui à Paris, après 15 ans de vie commune dont une année de mariage. Visiblement il a fallu qu'il se marie pour qu'il se rende compte qu'il ne voulait pas passer toute sa vie avec la mère de ses enfants. C'est quand même drôle, l'effet que produit le mariage sur certains hommes. On croirait que le mariage est un tue-l'amour.

L'aînée des filles qui ne supportait pas le divorce de ses parents, comblait l'absence de son père par la nourriture. Non pas qu'elle fût boulimique mais elle grignotait beaucoup. À la moindre angoisse, elle filait à la cuisine chercher quelque chose à manger, un biscuit par-ci, un chocolat par-là ou une glace. Sa mère était désespérée mais ne pouvait rien faire. Elle même avait perdu 10 kilos en deux semaines après la séparation et s'était mise à fumer plus que d'habitude. C'est pourquoi elle était aussi maigre. Elle ne mangeait presque pas et remplaçait les repas par la cigarette. Elle fumait plus de deux paquets par jour ! Elle avait une voix rauque. À tel point que le jour où j'ai répondu à son annonce en l'appelant au téléphone pour prendre rendez-vous, j'ai cru que c'était un homme au bout du fil. Ce n'est qu'en arrivant chez elle que j'ai vu qu'il s'agissait d'une femme et qu'il n'y avait pas d'homme dans la maison.

Au cours de l'entretien, elle m'a dit qu'elle vivait seule avec ses deux filles. J'ai tout de suite compris par son aspect qu'elle traversait une période douloureuse mais faisait bonne figure. J'étais heureuse de pouvoir l'aider à aller de l'avant par ma présence auprès des enfants. Elle m'avait annoncé qu'elle sortait deux soirs par semaine et qu'elle avait besoin de quelqu'un pour garder les enfants. C'est pour cette raison que je serais rémunérée. En temps normal, une fille au pair n'a pas de salaire puisqu'elle est nourrie, logée et blanchie et qu'en échange elle s'occupe des enfants pour les sorties d'écoles et les devoirs. Je les aidais à prendre leur bain et faisais à manger le soir. Puis je veillais à ce qu'elles se brossent les dents avant de se coucher. Et vers 20h30, mon service se terminait. Comme je faisais du baby sitting et le ménage en plus, j'étais rémunérée.

C'était mon premier boulot en France et j'étais ravie. À la fin de l'été, j'ai dû quitter Ya Paty car elle n'avait plus besoin de moi. Je me suis installée avec ma sœur Ursula dans le 18e, près de Barbès. J'ai enchaîné d'autres petits boulots de ce genre avec des gens très agréables qui me traitaient toujours avec respect. Je ne gagnais pas des mille et des cents mais ça permettait de payer ma part de loyer que je partageais avec Ursula et de me faire plaisir. J'arrivais même à mettre des sous de côté.

∴

Après 2 ans de cohabitation, je me suis séparée d'Ursula pour aller vivre à Vincennes dans le département de Seine-et-Marne, dans la banlieue Est de Paris. J'y avais dégoté un petit studio sympa dans une maison familiale. C'était une espèce de garçonnière qui donnait sur le garage d'un côté, et de l'autre côté la fenêtre donnait sur un grand jardin potager. On se serait cru à la campagne. Le matin on entendait les oiseaux chanter.

En tant qu'étudiante étrangère, je n'avais pas le droit de travailler en France à plein temps, encore moins si j'avais abandonné mes études. Je courais le risque que la préfecture ne me renouvelât pas mes papiers. Mais cela m'était égal. Avec mes papiers d'étudiante, j'avais le droit de travailler à mi-temps donc j'ai cherché activement du travail en tant que nounou. J'en ai trouvé dans une famille assez sympa dans le 16e. Quand j'ai trouvé ce travail, nous étions en fin janvier 1997, j'habitais encore avec Ursula à Paris. Je n'avais qu'une demi-heure de trajet pour aller travailler.

C'était une famille bourgeoise catholique comme on en voit plein dans le 16e. Le mari était très cool mais la dame, même si elle était gentille était un peu trop exigeante à mon goût. Elle trouvait toujours à redire sur mon travail. Quant aux filles c'étaient de vraies pestes. La grande avait 8 ans et la petite avait 4 ans. Elles étaient toutes les deux brunes, assez jolies. Comme chez Ya Paty, l'une ressemblait à sa mère (une jolie brune de 38ans avec des cheveux cours) et l'autre à son père. Sauf que cette fois-ci, ce n'était pas la grande mais la petite qui était le portrait craché de son père.

Le premier jour, la plus petite m'a fait passer une sorte de baptême de feu. Elle ne voulait pas prendre sa douche, ça a été une vraie guerre des nerfs pour lui faire entendre raison. Quand enfin j'ai réussi à lui faire prendre sa douche, elle ne voulait pas manger. J'avais besoin de ce travail alors j'ai pris sur moi. Le lendemain c'était au tour de la grande sœur, le même scénario. Sauf qu'elle devait ranger sa chambre et qu'elle ne voulait pas le faire. Idem, j'ai pris sur moi. Mais je suis restée ferme en lui faisant comprendre que si elle ne faisait pas ce que je lui disais, je ne reviendrais plus travailler et c'étaient ses parents qui seraient bien embêtés pour aller au travail le lendemain (le mercredi, les enfants n'avaient pas école et je devais travailler toute la journée) parce qu'ils seraient obligés de rester à la maison pour les garder. Je l'ai laissée dans sa chambre et je suis allée préparer le dîner. Elle ne voulait visiblement pas être la cause d'une journée de travail ratée de ses parents. Elle savait qu'ils le lui reprocheraient. Une demi-heure plus tard, elle est venue nous rejoindre à la cuisine. Sa sœur et moi l'attendions pour le dîner. Elle avait une toute petite voix. Elle m'a dit qu'elle s'était lavée et avait parfaitement rangé sa chambre.

Quand sa mère est arrivée le soir, je lui ai dit que les choses s'étaient bien passées même si l'aînée s'est montrée un peu casse-pieds. Elle m'a expliquée que ses filles étaient de petites coquines qui aimaient bien tester les nouvelles nounous, une sorte de baptême ou quelque chose dans le genre. J'aurai voulu lui répondre que je m'en serai bien passée mais je me suis contentée de prendre congé et de rentrer chez moi.

Elles m'avaient épuisée. Je ne travaillais que 2 heures 30 par jour, sauf le mercredi toute la journée, mais elles étaient si pénibles que j'avais l'impression de travailler 10 heures par jour. Quand ce n'étaient pas les enfants, c'était la mère qui trouvait toujours à redire sur des petites choses sans intérêts. Je trouvais qu'elle chipotait. Et puis, je n'appréciais que moyennement le fait qu'elle me fasse des réflexions devant ses enfants avec qui j'avais déjà du mal à m'imposer en tant qu'adulte, même si j'étais leur nounou.

Entre temps, j'avais déménagé. J'habitais désormais Vincennes. Et cela avait eu pour effet de rallonger mon trajet. Désormais, il me fallait 2 heures de transport aller-retour. Quand je rentrais le soir, j'étais épuisée. Non seulement je souffrais d'insomnies en ce temps-là, mais j'avais aussi très mal au dos. C'étaient des symptômes de dépression mais à l'époque je l'ignorais.

Un jour lasse des réflexions de la mère, au bout d'un mois de travail, je lui avais dit qu'il serait peut-être mieux qu'elle trouve quelqu'un d'autre parce qu'avec ses enfants, ça ne se passait pas bien et elle non plus n'avait pas l'air d'être satisfaite de mon travail. Il était mieux pour tous les deux d'arrêter. J'ai vu sa mine se décomposer. Elle ne s'attendait vraisemblablement pas à cette réaction de ma part. Me voyant dans le besoin, elle se disait peut-être que j'allais accepter la situation sans broncher.

Mais c'était mal me connaître. J'ai une tolérance à la souffrance qui est très limitée. Quand une situation commence à être trop incommodante pour moi, je préfère y mettre fin sans penser aux conséquences. Elle m'a répondu qu'elle n'était pas d'accord. Elle avait besoin de moi et puis moi aussi j'avais besoin de ce travail, me dit-elle (ce sur quoi elle avait raison, je n'avais aucune idée de comment j'allais faire pour m'en sortir si j'arrêtais ce travail). Je lui ai répondu:

- Bien sûr que j'ai besoin de ce travail ! Mais pas dans ces conditions.

Elle m'a demandé de lui dire ce qui n'allait pas, qu'est-ce que je lui reprochais. Je lui ai juste expliqué que les filles ne semblaient pas apprécier ma compagnie (en fait les enfants n'étaient pas le problème car j'avais réussi à m'imposer, c'était elle qui me mettait mal à l'aise avec ses critiques) et qu'elle ne me facilitait pas les choses quand elle me faisait des réflexions devant elles. Elle a rétorqué que ses enfants m'aimaient bien, qu'elles me trouvaient même drôle. Ce ne serait pas juste que je parte maintenant qu'elles commençaient à s'habituer à moi et puis, elle ferait plus attention à l'avenir à me dire les choses calmement hors de la présence des enfants.

Depuis ce jour-là, nos rapports s'étaient drôlement améliorés. Les filles étaient devenues beaucoup plus coopératives quand je leur demandais de ranger leurs chambres ou de prendre leur douche. J'étais devenue un membre à part entière de la famille. J'allais même parfois garder les filles le week-end quand le couple voulait sortir. Je les avais même invités à manger chez moi pour goûter à la cuisine congolaise. C'était un peu loin pour eux mais ils sont venus. Ça m'a fait très plaisir qu'ils voient où j'habitais pour se faire une réelle idée de ce qu'était leur nounou. Ne dit-on pas que la maison d'une personne trahit ce qu'elle est.

J'y ai travaillé durant 3 années, de 1997 à 2000. J'avais décrété qu'à mes 30 ans, il fallait que je passe à autre chose. Je n'allais pas faire nounou toute ma vie. Même si entre temps je risquais de perdre la validité de mon titre de séjour, cela n'avait pas d'importance. Il y a des moments dans la vie où il faut savoir choisir. Et moi j'avais choisi de changer de cap. Je voulais me frotter au monde de l'entreprise. Il me fallait une vraie expérience professionnelle. Travailler avec les enfants, c'est très enrichissant parce que j'adore les enfants, mais j'avais besoin de vivre autre chose sur le plan professionnel. La famille était prévenue de mon intention de partir dès juin 2000 et je n'allais pas changer d'avis.

3

En été 2000 à la fin de l'année scolaire, je prenais congé de mes employeurs sans savoir ce que l'avenir me réservait. En septembre, j'ai trouvé du travail à Auchan en tant que caissière mais l'expérience fût de courte durée car j'avais trop mal au dos, et ce travail nécessitait de rester assis pendant de longues heures et de manipuler des charges. Au bout de 15 jours, j'étais virée et j'étais ravie. Sauf qu'il restait la question de savoir comment j'allais payer mon loyer et mes factures à l'avenir. Même si j'avais quelques économies, cela aurait suffi juste pour payer un mois de loyer et les charges qui vont avec. À l'idée de me retrouver sans le sous, j'ai sombré dans la dépression.

Il faut dire qu'à l'époque, j'étais à bout de nerf. Je venais de rompre avec mon petit ami et la préfecture venait de m'opposer un refus pour le renouvellement de ma carte de séjour. J'allais devenir une « sans papiers ». Moi qui avais toujours voulu éviter de tomber de l'illégalité, voilà que j'allais vivre dans la clandestinité. J'étais tellement abattue qu'inévitablement, j'ai perdu pied. J'en avais après le monde entier. Je passais des journées entières à pleurer. À me demander ce que j'allais devenir dans cette jungle parisienne. J'en voulais à Dieu de m'avoir abandonnée. J'avais même rangé ma Bible dans un endroit où je ne pouvais la retrouver. Je m'enfermais dans le noir et je ne voulais voir personne. Il m'est même arrivé de passer un week-end entier, enfermée chez moi dans le noir complet et dans mon lit. Je ne me levais que quand Dame Nature l'exigeait.

Mes parents étaient inquiets. Ma mère me demandait de rentrer au Congo si c'était trop dur. Il valait mieux être dans mon pays avec les miens plutôt que seule à l'étranger. Et moi je lui répondais qu'il n'en était pas question. J'allais me battre pour m'en sortir. Mon père me tenait le même discours. Il avait peur que je ne tienne pas le coup car il connaissait les affres de la dépression. Lui-même était passé par-là. Je faisais de mon mieux pour le rassurer. Toutefois, j'étais au fond du gouffre. Je passais mon temps à pleurer et à dormir. C'était ma seule thérapie. Même si j'avais des idées suicidaires parfois, l'amour que je nourrissais pour mes parents me retenait de passer à l'acte. J'avais conscience de la douleur que je pouvais leur infliger en quittant ce monde prématurément. Bien que mon père ait 12 enfants, chaque enfant est pour lui aussi précieux qu'un diamant. Il y tient comme à la prunelle de ses yeux.

Je me souviens d'un incident, dans les années 80, quand nous étions encore adolescents. Mon petit frère Wilfried qui n'avait alors que 4 ans, aimait bien aller jouer dans les rues du quartier avec les autres enfants des environs sans mesurer les risques que représentaient les véhicules en circulation. Nous les aînés, avions beau leur interdire à ces affreux garnements de sortir de la maison (en plus de Wilfried, j'ai une autre petite sœur qui avait 5 ans en ce temps-là), ils échappaient toujours à notre vigilance. Un matin, on rapporta à mon père que Wilfried s'était fait renverser par un scooter, qu'il fallait qu'il aille de toute urgence prendre son fils pour l'emmener à l'hôpital. J'ai vu le visage de mon père se décomposer, même si devant cette personne qui lui rapportait cette fâcheuse nouvelle, il affichait un calme apparent. Puis il est sorti sans dire un mot pour aller chercher son fils. En fait, c'était une fausse alerte, il s'agissait d'un autre enfant. Mon petit frère était tranquillement en train de jouer dans la cour d'une maison voisine avec ses camarades. Quel soulagement ! Mon père me confia plus tard qu'il avait failli faire pipi dans son pantalon tellement il avait eu peur pour son fils. C'est à ce moment que j'ai réalisé qu'il nous aimait tous d'un amour égal. Moi qui pensais qu'il avait des préférences parmi ses enfants, je me trompais.

Ma mère s'inquiétait tellement qu'un jour que je pleurais pour la énième fois au téléphone, parce que je n'en pouvais plus de cette vie en France, elle me lança dans un moment d'impuissance, cette fameuse phrase qui restera gravé dans mon esprit : « vu toutes les souffrances que tu endures en France, s'il te venait l'idée d'attenter à ta vie, je rentrerai dans ton cercueil le jour de ton enterrement… » Rien que pour ça il m'était impossible de passer à l'acte. Mon père n'était pas en reste. Un jour que je lui avais confié avoir eu envie de me tuer parce que rien n'allait dans ma vie, il m'avait rétorqué : « si tu t'étais tuée ma fille, je t'aurai tuée ! ». Ça voulait tout dire pour moi.

C'est à ce moment-là que la question sur le courage ou la lâcheté du suicide prenait tout son sens. Je me suis demandée si j'aurais eu le courage de quitter ce monde tout en sachant la douleur que j'aurais causé aux miens ou si j'aurais été assez lâche en décidant d'abandonner le combat en cours de route, et les miens avec. Car pour moi cette existence que je menais en France était un vrai combat. Un combat que je décidai de remporter parce que j'avais en moi une âme de guerrière. J'ai attendu tranquillement que les choses se calment dans mon esprit torturé, priant malgré tout que les choses s'arrangent, même si j'en voulais à Dieu de me laisser dans cette situation.

Cette histoire de papiers m'avait vraiment fait descendre au 36è dessous. Il fallait que je remonte à la surface, que je trouve une issue de secours. En tout cas, que je m'en sorte. Rien que par amour pour mes parents. Eux seuls me donnaient la force de me battre. Je vivais seule. Je n'avais pas d'enfant, pas d'amoureux, qu'est-ce qui dans ces circonstances m'auraient empêché de passer à l'acte pour faire un saut dans l'au-delà ? J'étais majeure et vaccinée, seule responsable de ma vie et de mes actes. Si je décidais de mourir ce serait mon choix. Je n'avais de compte à rendre à personne, sauf à Dieu (peut-être). Et j'aurai bien aimé le rencontrer dans l'autre monde pour lui dire deux mots à Celui-là !

Mais j'avais choisi de vivre par amour. Amour pour ma mère qui avait fait de moi sa raison de vivre. Amour pour mon père qui aurait eu le cœur tellement meurtri que je n'aurai pas pu le supporter en le regardant de l'autre monde (bien que je sois chrétienne, j'ai toujours cru en la vie après la mort et même en la réincarnation). Amour pour mes frères et sœurs qui n'auraient pas compris mon acte, moi qui étais si pleine de vie et si rieuse. Amour pour mes oncles et tantes qui m'ont toujours soutenue et beaucoup fait pour que je me sente bien en France. J'ai encore à l'esprit ce souvenir de mon oncle Florent venant en toute urgence me rendre visite à Vincennes pour savoir ce qui n'allait pas chez moi. Mes tantes (ses grandes sœurs) à Pointe-Noire lui reprochaient de ne pas s'occuper de « l'enfant qui n'allait pas bien. » Et lui de se défendre en arguant que « l'enfant » dont il était question avait 30 ans ! Eh oui ! On est comme ça en Afrique, nos neveux et nièces sont nos enfants au même titre que nos propres enfants et on s'en soucie même quand ils ont 30 ans et plus.

Une autre raison qui me retenait de m'ôter la vie, c'était l'amour pour mes amies avec lesquelles j'ai partagé tant de choses, à qui je ne pouvais me permettre d'infliger cette douleur. Et enfin amour pour la vie tout court. Car j'aime la vie ! Et en ce temps-là aussi j'aimais la vie, même si tout n'allait pas comme je le voulais. J'aimais les belles choses qu'elle m'apportait et qu'elle pouvait encore m'apporter. Je n'avais que 30 ans et j'avais encore tellement de choses à découvrir ! Alors, je me suis mise à imaginer comment je pourrais me sortir de ce bourbier.

∴

C'est alors que mon amie Myriam vint me faire une proposition. Elle me dit qu'elle connaissait un circuit de fausses cartes de résident qui permettait à plusieurs immigrés en situation irrégulière de trouver du travail malgré tout. Il fallait juste débourser 4000 Francs (600€ aujourd'hui) et avoir un numéro de sécurité sociale. J'avais un numéro de sécurité sociale et j'avais plus de 4000 Francs d'économies. Je n'ai pas hésité un instant et j'ai foncé. Après tout, je ne nuisais à personne. J'essayai juste de gagner dignement ma vie. J'ai donc accepté sa proposition.

Les choses se sont faites assez rapidement. Elle m'a emmenée voir cette personne chez elle pour que je lui remette tous les documents et l'argent. C'était un monsieur d'à peine une quarantaine d'année. Il habitait le 12e arrondissement de Paris. Lui-même n'était qu'un intermédiaire. Curieuse, je lui ai demandé comment se faisait-il que je n'avais pas directement affaire à la vraie personne qui fabriquait ces vraies fausses cartes de résident. Il m'a expliqué très simplement que c'était un responsable à la préfecture de Paris (bien sûr, il voulait garder l'anonymat) qui voulait mettre un peu de beurre dans les épinards en aidant les immigrés à avoir des papiers qui leur permettraient de travailler en France. Ce responsable disait-il, avait trouvé le moyen de se préparer une retraite pépère au soleil. Le temps qu'on remonte jusqu'à lui, il serait déjà loin. Comme quoi, ce n'est pas qu'en Afrique qu'on trouve des fonctionnaires corrompus. En attendant, ça arrangeait mes affaires.

C'est ainsi que j'obtins mon autorisation (illégal) de travailler. Je n'avais aucun état d'âme à ce niveau, du moment que je pouvais travailler, cela me convenait parfaitement. Je ne volais personne, même pas le contribuable français. Bien au contraire si je trouvais du travail, j'allais cotiser et même payer les impôts. Car en France peu importe que tu sois sans papiers ou pas, dès le moment où tu as un travail déclaré, tu paies les impôts. C'est le seul service administratif où on ne te demande pas de justifier d'un titre de séjour régulier sur le territoire français pour t'envoyer ta fiche d'imposition. Ainsi va la France !

Après plusieurs semaines de recherches d'emploi infructueuses, je reçus un appel pour un entretien dans une grande entreprise de télémarketing, Nouvelle-performance, connue pour ses recrutements en masse. Nouvelle-performance, était le premier prestataire de service en France. C'était une entreprise côté en bourse, qui avait des clients un peu partout dans le monde, et partout en France.

L'entretien dura toute la journée. Nous devions passer des tests. La première partie consistait à faire un résumé du dernier film ou du dernier livre lu. Ensuite nous devions passer un entretien oral. Dans l'après-midi, ceux qui étaient retenus passaient le test téléphonique et c'était fini. Il s'agissait juste de savoir argumenter face à un client mécontent. J'ai réussi tous les tests. À la fin de la journée, je rentrais chez moi avec un contrat de travail en CDI, signé en bonne et due forme. J'entamais ma période d'essai le jour suivant. Je leur apportais tous les documents à fournir dont la fausse carte de résident pour constituer mon dossier. Ils ne remarquèrent rien. Tout était parfait. Nous étions le 30 novembre 2000. Enfin, je rentrais dans la vie active au sein d'une entreprise. J'étais la plus heureuse. Je pouvais enfin faire des projets.

J'ai entamé une période de formation qui a duré trois semaines, suivi d'une période d'essai d'un mois. Tout s'est bien passé. J'avais des collègues sympas et des responsables d'équipes qui nous accompagnaient graduellement dans notre apprentissage du métier. L'ambiance était super. Il y avait une forte mixité ethnique : les noirs, les arabes, les blancs, les asiatiques. Aucune discrimination sur l'âge. La seule chose que j'ai pu constater, c'est que tous les responsables d'équipe étaient blancs. Mais ça ne me gênait aucunement. Après tout, ils étaient dans leur pays, c'était tout à fait normal qu'ils soient à des postes clés. Nous autres étrangers, nous étions contents d'avoir enfin un boulot valorisant et différent de celui de garde à domicile, d'agent d'entretien ou de vigiles. On n'allait pas se plaindre ! Nous étions installés dans des espèces de box individuels mais assez spacieuse pour ne pas gêner le collègue d'à côté, quand nous devions prendre des appels. C'était une grande plateforme téléphonique qui pouvait contenir en même temps une centaine de collaborateurs. Chacun avait un téléphone et un casque pour les prises d'appels. Le rythme était assez soutenu. Il fallait prendre les appels à la suite et ne pas dépasser 5 minutes de durée moyenne de communication (DMC en jargon interne). Les pauses étaient de 10 minutes, une fois par heure travaillée et les superviseurs (responsables d'équipes) étaient à cheval sur le respect de la durée des pauses. Il y en avait qui venait même nous chercher en salle de pause quand nous dépassions d'à peine une minute ! Certains (des anciens, bien évidemment) taxaient cette attitude de flicage pur et dur ! Les post-appels pour enregistrer le motif d'appel du client après qu'il eût raccroché, étaient tolérés, mais vivement déconseillés. Il fallait tout noter dans le dossier du client pendant qu'on l'avait en communication durant les 5 minutes règlementaires. Ceci pour prendre un maximum d'appels dans la journée. Si on prenait trop de temps pour traiter un appel, le superviseur accourait pour nous rappeler qu'il y avait de l'attente et qu'il fallait écourter l'appel quitte à dire au client de rappeler plus tard. Bien sûr, il y avait un discours commercial bien rodé pour le dire afin de ne pas froisser le client. En ce temps-là, les appels au service commercial ainsi que le temps d'attente étaient payants. Et le tarif facturé à la minute était assez élevé. Ce qui renforçait le mécontentement du client quand il n'avait pas obtenu satisfaction. C'est pourquoi il fallait rapidement trouver une réponse satisfaisante à lui donner dès les premières minutes de conversations. Si ce n'était pas le cas, mieux valait écourter l'appel au maximum dans son intérêt (vu le coût de communication) comme dans le nôtre. Car souvent, le client mécontent, qui avait passé plus d'un quart d'heure au téléphone sans voir son problème résolu, menaçait d'aller se plaindre auprès des associations de consommateurs. Il fallait éviter de nous faire une mauvaise publicité.

Malgré toutes ces précautions, nous faisons l'objet des agressions verbales des clients mécontents dont certains allaient même jusqu'aux insultes personnelles. En tant que professionnels, nous avions l'obligation de ne pas répondre aux propos injurieux, nous avions juste à le noter dans son dossier. Mais en tant que personne, je n'avais qu'une envie, c'était de lui cracher à mon tour mon venin. Toutefois comme je tenais à garder mon poste fraîchement acquis, je m'abstenais.

C'était l'époque où Internet était encore en majorité le monopole de France télécom sous le nom de Wanadoo. Même s'il y avait quelques concurrents comme Aol et Club-Internet, c'est lui qui avait la plus grosse part du marché du web. Et il était le principal client de l'entreprise où je travaillais.

À Paris, le service qui s'occupait de Wanadoo était située à Montparnasse. Même si le rythme de travail était infernal, j'étais ravie par la nouveauté de l'activité. Comme on dit « tout nouveau tout beau ». Je me sentais vivante avec une vraie vie sociale. J'étais heureuse de me lever tous les matins pour aller travailler en plein cœur de Paris, du moins la première année. Je nourrissais plein de projets d'évolution de carrière. Je m'habillais très chic pour aller travailler, je choisissais avec soins mes vêtements. À me voir, on aurait dit une cadre commerciale, alors que je n'étais qu'une simple chargée de clientèle qui passait sa journée à répondre au téléphone à des personnes qui n'étaient pas toujours agréables. Mais c'était mon job et cela me plaisait.

La première année tout s'est bien passé, en 6 mois j'étais déjà passée du service commercial au service technique. Ce qui me donnait une double compétence. En effet, on avait lancé une campagne de recrutement de techniciens et les volontaires pouvaient postuler en interne. Je m'étais portée volontaire et ma candidature avait été retenue pour commencer une formation de technicien-conseil. C'était toujours le même travail, sauf qu'il s'agissait de faire du dépannage technique pour les personnes qui avaient des problèmes de connexion à internet. Je m'investissais sérieusement dans mon travail. Les horaires décalés ne me gênaient absolument pas. Il m'arrivait parfois de terminer à 23 heures, d'arriver chez moi à minuit et reprendre le travail le lendemain à 8h. Tant que j'étais célibataire sans enfant, je m'en accommodais. La seule chose qui commençait à me peser au bout d'un an de ce rythme, c'était la pression qu'on subissait au travail. Les objectifs à atteindre. En soi cela ne me posait aucun problème qu'on me demande d'atteindre des objectifs, mais je commençais à réaliser qu'en retour, je n'avais rien. Les anciens m'avaient prévenue que cela ne servait à rien de s'investir autant parce qu'au final, me disaient-ils, je ne gagnerai rien de plus sauf de la frustration. Si j'espérais évoluer en travaillant autant, c'était peine perdue parce les promotions se faisaient par copinage. Il fallait faire partie du cercle restreint des « petits chefs blancs » comme ils disaient, pour espérer ne fut-ce que gagner un poste de superviseur qui n'avait même pas le statut de cadre. En effet, un superviseur avait le statut d'agent de maîtrise. C'était le statut intermédiaire entre simple collaborateur et cadre. Et c'était un travail ingrat puisque le salaire du superviseur était à peine plus élevé que celui des chargées de clientèles, avec la pression en plus. Si les superviseurs nous fliquaient autant dans notre travail, c'est parce qu'eux-mêmes subissaient d'énormes pressions de leurs supérieurs hiérarchiques.

Cette pression commençait à me peser. Je commençais à songer aux congés. Je me suis renseignée, je pouvais prendre 3 semaines de congés. Je les ai posés pour le mois de septembre. Au moins les billets étaient moins chers et il y avait moins de monde dans les gares en ce mois d'été puisque c'était la rentrée scolaire. Comme je n'avais pas d'enfant, je pouvais me permettre d'aller en vacances à cette période calme de l'année.

Après 3 semaines de vacances en Angleterre, je suis rentrée. Nous étions en septembre 2001 et les événements du 11 septembre avaient secoué le monde entier. Le plan Vigipirate avait été déployé pour la 1ere fois. Quand j'ai repris le travail, tout le monde ne parlait que du 11 septembre. Le contrôle de l'immeuble où je travaillais avait été renforcé. On ne pouvait pas rentrer sans son badge dans les locaux de l'entreprise. Les gens étaient tendus. Mes collègues m'ont relaté plusieurs incidents qui ont eu lieu en mon absence. Beaucoup de personnes s'étaient mis en arrêt maladie. Ce qui multipliait le nombre d'appels pour les présents, par conséquent, la pression sur nombre d'appels à traiter. Je regrettais déjà mes vacances.

En octobre, j'attendais avec impatience l'anniversaire de mon contrat pour me mettre moi aussi en arrêt maladie. En effet seuls ceux qui avaient 1 an d'ancienneté pouvaient bénéficier d'un paiement à 100% de leurs indemnités journalières.

Je prenais mon mal en patience. J'avais de plus en plus mal au dos et j'ai commencé à détester ce boulot. Il devenait évident pour moi que je ne ferais pas carrière dans ce métier. Il y avait trop de pression et pour un salaire à peine plus élevé que le smic. Ça ne valait pas le coup que je me ruine la santé pour un salaire aussi maigre. Au début, je m'étais beaucoup investie dans ce travail pensant que je grimperai assez vite les échelons avec un peu de volonté. Au fil du temps, j'ai vu mes espoirs s'amenuiser, aucune promotion. La rumeur voulant que l'évolution se fasse par copinage ne faisait qu'enfler. Je ne connaissais personne dans l'équipe de direction, je n'avais aucun espoir d'évoluer au sein de l'entreprise. Et puis, c'était trop de pression pour un simple poste d'agent de maîtrise. Il y en avait qui craquait littéralement. J'en ai vu (parmi les jeunes superviseurs) qui fondait en larmes dans le bureau des responsables.

En ce qui me concerne, tout ce stress se logeait au niveau du dos. Je souffrais horriblement. Dès que je rentrais chez moi, je restais au maximum en position allongée. C'est la seule façon que j'avais de me soulager. Je ne me levais que si j'étais obligée de le faire. Même quand je commençais ma journée à 13h, je restais toute la matinée au lit pour ne pas trop solliciter mon dos. Je continuais à travailler dans cet état jusqu'à la fin de l'année. En janvier 2002, je prenais mon premier congé maladie qui dura 2 semaines. Puis j'ai repris le travail pendant un mois pour m'arrêter ensuite. Ce fut le début d'une longue série d'arrêts de travail. Dès que je voulais me reposer un peu plus qu'un week-end, j'allais voir le médecin pour m'arrêter.

4

Quand je revins m'installer pour de bon France en octobre 1994, j'envoyai une carte postale à Fred pour lui dire que j'étais désormais dans la région parisienne pour un bout de temps, sans pour autant lui dire où me trouver. Je voulais juste qu'il fût mis au courant du fait que j'avais quitté définitivement le Congo pour vivre en France. Du moins pendant toute la durée de mes études.

Nous remîmes le couvert environ 3 mois plus tard, vers le mois de janvier 1995. C'était le temps qu'il lui avait fallu pour trouver où je me cachais. Et nous recommençâmes à nous voir comme au bon vieux temps en fonction de ses disponibilités. C'était toujours la même histoire ; il aimait Ruth et allait bientôt se marier avec elle, mais il n'arrivait pas à m'oublier. Pendant environ 2 mois, j'acceptais d'être la fille de l'ombre. Je me sentais tellement seule dans cette nouvelle vie française, qu'une présence connue, fût-elle rare, me faisait du bien. Le peu de temps qu'on se voyait, je me sentais tellement bien que je m'en contentais. Mais la situation au fil du temps devenait de nouveau douloureuse pour moi, du fait de la rareté de nos rencontres. Son absence le temps où nous ne nous voyions pas commençait à me peser et je ne voulais pas me retrouver dans le même état que l'hiver précédent. Alors j'avais décidé de rompre définitivement avec lui. Ce qui m'exaspérait, c'était qu'il n'arrêtait pas de me parler de Ruth et de leur futur mariage. Même si je ne lui exprimais pas mon exaspération, j'en avais marre. Gentiment, un jour, je lui dis, puisqu'il allait se marier. Je refusais d'être sa maîtresse pour le reste de ma vie. Je voulais m'accorder la chance de mon côté de rencontrer l'homme de ma vie et pour cause, je n'avais que 24 ans ! Visiblement, ce n'était pas lui. On a donc cessé de se voir.

Puis un beau jour, environ 6 ans plus tard, je reçus un appel. Je vivais à Vincennes dans la petite garçonnière que je louais. Nous étions au mois d'octobre 2001, la grisaille commençait à s'installer. La température progressivement se mettait à baisser et mon moral avec. L'automne me faisait toujours cet effet. Toutes ces feuilles mortes qui tombaient me rappelaient à quel point ma vie était triste et morne. Heureusement que j'avais un travail qui me permettait de sortir toute la semaine, sinon j'hibernerais comme les marmottes. Ce coup de fil inattendu allait tout changer. Qui était au bout du fil ?...

Fred Orsell en personne !

J'étais à mille lieues de m'imaginer recevoir un appel de Fred Orsell ! Je le savais marié et heureux en ménage. Je me doutais même qu'il devait avoir des enfants. Quelle ne fut pas ma surprise de l'entendre au bout du fil ! Comme quoi, la loi de l'attraction fonctionne. La pensée est réellement créative et je l'avais utilisée sans le savoir. J'étais Monsieur Jourdain, dans *Le Bourgeois gentilhomme* de Molière, qui faisait de la prose sans s'en rendre compte.

Je me souviens qu'avant ce fameux appel, nostalgique, j'avais pris une photo de nous deux que j'aimais bien et je l'avais collée sur mon frigo.

Au temps où je venais passer les vacances en France, j'avais eu l'idée de nous faire prendre en photo. Un jour, au cours d'une ballade en amoureux près du jardin de Luxembourg où nous avions l'habitude de nous retrouver, je demandai à un passant de nous prendre en photo. En bonne touriste parisienne, j'avais toujours un petit appareil photo jetable dans mon sac. Je nous trouvais tellement beaux et amoureux que je voulais garder un souvenir de ces instants merveilleux.

Après une énième déception amoureuse, je décidais que Fred était le seul homme qui valait la peine d'occuper une place dans mon cœur et dans mes pensées. Alors je pris cette photo que j'avais toujours gardée précieusement dans mon portefeuille et la collai sur mon frigo. J'étais nostalgique de cette époque. J'aimais bien la regarder, là sur mon frigo et me dire que c'était le seul homme que j'aimais réellement. Quand quelqu'un venait me voir, je disais que c'était mon petit ami alors que ça faisait des années que je ne l'avais pas revu (une vraie mytho !).

Ce jour-là, quand je l'ai entendu au téléphone, je n'en croyais pas mes oreilles ! Surtout que je sortais d'une grosse période de déprime et que j'étais presque aigrie. C'était aussi à cette période que j'avais découvert le livre *Le Journal de Bridget Jones*. Comme Bridget Jones, j'étais persuadée que j'allais finir mes jours toute seule mangée par mon chat. Certes, je n'avais pas de chat, mais la solitude était omniprésente dans ma vie. Seule cette photo sur mon frigo me mettait du baume au cœur. C'est pourquoi j'étais tellement surprise d'entendre la personne à côté de moi sur la photo m'appeler.

Mi- heureuse de retrouver l'homme de mes rêves, mi-méfiante quand-même, car je me souvenais que cet homme m'avait brisé le cœur plus d'une fois. Ma première réaction était de lui demander comment il avait trouvé mon numéro téléphone. Je me savais sur liste rouge parce que je ne supporte pas les appels intempestifs. Il m'a dit qu'il a cherché sur le minitel (l'ancêtre d'internet). Il avait dû payer le prix fort alors ! Cachant ma joie, je pris un air distant pour lui demander ce qu'il me voulait. Je me méfiais beaucoup des hommes en ce temps-là. Tous ceux que j'avais rencontrés m'avaient déçue. Et je ne voulais vraiment plus en entendre parler. Je passais mes journées, enfermée chez moi, dans mon lit à lire ou à dormir quand je ne travaillais pas. Je me levais juste pour me laver ou manger. Voilà que le seul homme capable de me faire sortir de ma léthargie, celui-là même qui me faisait rêver, était au bout du fil.

∴

D'aussi loin que je me souvienne, cet homme m'a toujours suivie à la trace. Quand je suis venue vivre en France en 1994, j'habitais vers Marne La Vallée chez mon cousin,

Olivier. Il s'était débrouillé pour avoir le numéro de téléphone de ce dernier afin de pouvoir me joindre, alors que je ne le lui avais pas communiqué. Certes, je lui avais envoyé une carte postale pour lui annoncer que je vivais désormais en France pour mes études, mais je ne lui avais pas communiqué mon numéro de téléphone, parce qu'Olivier n'appréciait pas trop que des inconnus appellent sur la ligne de la maison. À cette époque-là, il n'y avait pas de téléphone portable. Du moins, c'était un luxe et tout le monde ne pouvait pas se l'offrir.

Quand je demandai à Fred comment avait-il trouvé où me joindre ? Il m'avoua qu'il avait appelé mes jeunes oncles à Montrouge. Ils avaient eu la gentillesse de lui dire où j'étais et lui avaient communiqué mon numéro. Puis quand j'ai déménagé pour aller vivre à Fontenay aux roses en tant que fille au pair, il m'avait de nouveau retrouvée. Toujours en procédant de la même manière. En appelant le dernier numéro connu. Même si dans ce cas-ci, mon cousin à qui je n'avais communiqué aucun numéro de téléphone, ne savait pas à quel numéro me joindre, il s'était arrangé pour repasser par Montrouge. Mes oncles de Montrouge, eux, avaient toujours mes coordonnées à chaque fois que je changeais de domicile, car nous étions très complices. Apparemment, Fred avait la côte auprès d'eux puisqu'ils n'hésitaient jamais à lui donner mes coordonnées chaque fois qu'il les sollicitait. Ils devaient avoir compris que le lien qui nous unissait ne devait pas être rompu. Même si Fred était attaché à Ruth, il n'arrivait pas vraiment à m'oublier. J'avais quelque chose de spécial selon lui et il ne savait pas dire ce que c'était. Toujours est-il qu'il ne pouvait pas s'empêcher de penser à moi. C'est ainsi qu'il avait toujours su où me trouver.

Cette fois-ci, c'était grâce au minitel qu'il avait pu me retrouver. L'appartement de Montrouge après 6 ans n'existait plus. Mes jeunes oncles avaient tous déménagé pour fonder chacun leur famille.

J'avais donc Fred Orsell au bout du fil qui désirait me revoir. Il ne s'est pas du tout laissé démonter par mon ton quasi distant. D'ailleurs, il ne s'attendait pas à ce que je fusse totalement disponible. Il m'a dit qu'il a juste tenté sa chance. Il m'a demandé si on pouvait se revoir. J'étais incapable de lui dire non. C'était l'homme de mes rêves, tout de même !

Nous avons convenu de nous voir 2 jours plus tard à Bussy Saint Georges à midi. Ce n'était pas loin de Vincennes. Quand j'ai raccroché, je me suis dit que peut-être avait-il divorcé, qui sait ? Après tout, en 6 ans, il avait peut-être eu le temps de se marier et de divorcer ! Et peut-être qu'il n'avait même pas eu le temps de faire des enfants ! Pensais-je en moi-même.

Quand nous nous retrouvâmes, la première chose que je regardai, fut son annulaire gauche. Le salaud, il était toujours marié ! Quelle déception ! Alors pourquoi avait-il tenu à me revoir, au point de me rechercher sur minitel ? C'est la question que je lui posai lorsque nous nous installâmes dans un bistrot pour discuter. La réponse fut, qu'il était curieux de savoir ce que j'étais devenue. Aussi simple que ça. Je fulminais intérieurement. Comment osait-il ainsi se présenter après m'avoir des années auparavant dit explicitement qu'il avait fait son choix entre Ruth et moi. Est-ce que Ruth n'était plus cette femme extraordinaire avec laquelle il avait choisi de passer le reste de sa vie ? Me demandais-je intérieurement. J'étais sur le point de lui poser la question quand il me lança un : « je suis ravi de constater que tu n'as pas changé. Tu es toujours aussi belle et aussi classe qu'à l'époque. ». Un tel compliment ne pouvait que me faire fondre.

Il est vrai que Fred avait toujours admiré ma façon de m'habiller. J'aimais porter des vêtements simples mais chics. Cette période-là, j'achetais la plupart de mes vêtements chez Kookaï, Burton ou Manoukian. Je trouvais que ces boutiques avaient un bon rapport qualité-prix. Je ne faisais pas comme mes compatriotes congolaises qui se ruinaient à s'habiller chez de grands couturiers juste pour se pavaner devant leurs semblables, alors qu'ils n'avaient même pas les moyens de payer leurs loyers et de se nourrir sainement. C'est ce que le grand artiste congolais Papa Wemba avait nommé « religion kitendi » (le culte du vêtement de marque ou la « Sapologie »). On sait que l'adepte d'une religion est prêt à vider son compte en banque pour honorer ses obligations religieuses afin de vouer un culte digne de ce nom à son dieu. Les congolais étaient pareils pour les vêtements de marque. Ils étaient prêts à se ruiner pour être sapés comme jamais (comme dirait Maître Gims), même si ça leur coûtait parfois de manquer de nourriture et d'un toit sur la tête.

Je n'étais pas une congolaise comme les autres. Certes, j'aimais être élégante, porter des vêtements à la mode mais pas au point d'y laisser toutes mes économies.

Si Fred trouvait que je n'avais pas changé, lui par contre avait changé. Avec sa chevelure grisonnante, je trouvais qu'il avait pris un coup de vieux. Pourtant il n'avait qu'un an de plus que moi. Toutefois, cela ajoutait à son charme d'avoir des cheveux poivre-sel. Je le trouvais toujours aussi craquant sinon plus.

Nous avons discuté de choses et d'autres. Il m'a dit qu'il s'était marié comme prévu 6 ans auparavant et qu'il avait un enfant, un petit garçon de 3 ans qui s'appelait Joël. Je ne sais pas pourquoi il n'a pas jugé utile de me dire qu'il avait aussi un bébé à ce moment précis (je ne l'ai su que bien plus tard). J'étais assez déçue et je me disais qu'il était assez gonflé de me recontacter après tant d'années pour m'étaler ainsi son bonheur conjugal. Comme je n'ai jamais été très diplomate avec lui, je lui demandai froidement ce qu'il attendait de ces retrouvailles. J'ai pensé : « pourquoi venir réveiller une flamme qui était presque éteinte, au risque de créer un incendie et d'en subir les conséquences ? » Il m'a répondu d'un ton neutre que tout dépendait de moi, si je voulais le revoir ou pas. Lui il voulait juste pouvoir me voir de temps en temps en tout bien tout honneur. J'étais partie pour lui dire non. Jamais plus je ne le laisserai rentrer dans ma vie et me briser le cœur. Simplement au moment de se dire au revoir, je me suis surprise à lui répondre :

- Pourquoi pas ? Après tout on ne sera que des amis, n'est-ce pas ?

- Bien sûr ! me répondit-il, le plus naturellement du monde.

Comme s'il était possible que lui et moi, nous nous contentions d'une relation d'amitié. En ce qui me concerne, je n'ai jamais cru qu'une amitié entre fille et garçon puisse être sincère. Il y en a toujours un des deux qui fantasme sur l'autre sans avoir le courage de se l'avouer, au nom de cette soi-disant amitié. Dans mon for intérieur, je savais que je ne pourrais jamais être ami avec Fred Orsell. Cela m'était tout simplement impossible. Car cet homme me faisait littéralement fondre et il le savait ce petit malin ! Cependant, j'avais choisi de jouer le jeu.

Et voilà notre histoire repartie ! Au début, nous jouions bien le jeu de l'amitié. À se faire la bise sur la joue quand on se voyait, à se raconter les anecdotes de nos vies respectives comme feraient des amis.

Vers le mois d'avril 2002, cela faisait plusieurs mois que Fred et moi entretenions cette relation ambigüe d'amitié. Avec l'arrivée du printemps et les hormones qui se réveillaient progressivement de part et d'autre, nous avons décidé de passer à la vitesse supérieure et de succomber à la tentation. Toutefois avant de céder, j'avais pris la précaution de lui demander s'il aimerait être le père de mon enfant. Ce père de mon enfant que j'attendais depuis longtemps.

Cela faisait longtemps que je voulais avoir un bébé. Mais je ne trouvais pas le bon père. Je parlais souvent de ce désir d'enfant à Fred au cours de nos échanges. Il m'écoutait d'une oreille compatissante. Il comprenait que passé un certain âge, le désir d'un enfant chez une femme fût aussi fort (j'avais 31 ans). Je lui racontais que je cherchais désespérément le père de mon futur bébé à travers les garçons que j'avais rencontrés avant nos retrouvailles et que j'attendais encore de le trouver.

Ce désir d'enfant était tellement devenu une obsession que j'en avais fait une dépression juste après les fêtes de fins d'années en janvier 2002. Pour sortir de ma dépression, je m'étais refugiée au Mans chez mon jeune oncle Bob et sa femme Sidonie avec qui j'étais très liée. J'y suis restée pendant environ 2 mois. Sans rentrer dans les détails, j'avais dit à Fred que j'avais pété les plombs seule chez moi et que j'avais eu besoin de me retrouver en famille pour un certain temps.

Depuis Le Mans, j'échangeais avec Fred par mail. Je me souviens que je lui avais confié une fois, qu'à une période de ma vie, pour me faire un peu d'argent, je posais nu en tant que modèle dans une école de peinture. C'était mon petit ami de l'époque, un allemand, qui me l'avait conseillé. Il y prenait des cours de peinture et demanda au responsable s'il serait d'accord de me prendre comme modèle. Nous étions en 2000 et nous utilisions encore le Franc. Je posais deux fois par semaine, le jeudi soir et le samedi matin. Cela me faisait environ 200 Francs (30 euros) par semaine. Ce n'était pas beaucoup mais ça permettait de mettre du beurre dans les épinards. Et puis, j'appréciais de poser devant ces élèves, pour la plupart des hommes, qui ne regardaient pas mon corps de femme, mais voyaient des formes et des ombres. Pour une fois, je n'étais pas vue comme un corps de femme appétissant sur lequel les hommes jetaient des regards lubriques et s'imaginaient Dieu sait quelle posture de Kama sutra. Je n'étais qu'un corps avec des ombres et des formes qui servaient à la création d'une œuvre d'art, point final. J'étais aux anges. Ces deux heures de séance dans une position immobile en tenue d'Eve me détendaient véritablement. C'était pour moi comme une séance de méditation (à l'époque je ne pratiquais pas encore la méditation). Je me vidais complètement l'esprit pendant que j'étais devant ces artistes en herbes à poser dans le plus simple appareil.

Quand j'ai parlé de cette expérience artistique à Fred, cela a suscité un vif intérêt en lui. Il s'est mis en tête de me peindre à son tour. Un jour, il m'a demandé si j'accepterai de poser pour lui. Je lui ai répondu : « peut-être ! » sur un ton léger, croyant qu'il ne parlait pas sérieusement. Dans mon esprit un architecte ne dessine pas des corps. Il dessine des immeubles. Je n'y ai plus pensé par la suite. Sur le coup, je ne me suis pas rendu compte que je lui avais tendu une perche pour qu'il s'infiltre insidieusement dans mon intimité (voire dans ma vie) pour finir par devenir quelques mois plus tard, le géniteur de mon enfant tant désiré.

De son côté, Sidonie ne voyait pas d'un bon œil cette idylle renaissante. Elle se souvenait de l'époque de Montrouge quand j'étais à ramasser en lambeau à cause de ce garçon. Elle me mit en garde.

-Ne viens pas pleurer ici, s'il te brise le cœur encore une fois, hein !

Je comprenais son inquiétude, elle qui m'avait toujours consolée dans mes déboires sentimentaux. Elle me savait encore vulnérable (n'oublions pas que j'étais au Mans suite à une crise de dépression qui avait abouti à arrêt de travail de plus de deux mois) et face à ce garçon qui m'avait déjà brisé le cœur plus d'une fois, elle n'était pas du tout rassurée de me voir une fois de plus lui retomber dans les bras. Je la rassurais prétendant que nous étions de simples amis. D'ailleurs nous l'étions réellement, du moins jouions-nous à l'être, jusqu'aux dernières nouvelles.

Après m'être ressourcée au Mans pendant ces deux mois et demi, à la fin du mois de mars, je retrouvais avec plaisir Fred à Vincennes dans mon petit studio. Comme je disais tantôt, l'effet des hormones conjugué à ma longue absence a fini par avoir raison des limites de l'amitié que nous nous étions fixées.

5

Les arrêts de travail à la demande auprès de mon médecin me permettaient de rencontrer Fred tranquillement un fois par semaine entre midi et deux. Depuis que nous nous étions retrouvés, nous nous fréquentions de façon platonique parce que j'étais déjà en relation avec Marc. C'était un garçon avec lequel, j'entretenais une relation tumultueuse entre disputes et réconciliation. Marc était un français de confession juive que je voyais sporadiquement, et je ne savais pas si cette relation avait un avenir. Il était ce genre de garçon tourmenté qui ne savait pas ce qu'il voulait. Ce qui m'avait plu chez lui, c'est sa voix et sa façon de parler. Il avait une voix suave et un langage soutenu qui trahissait son niveau d'instruction et ses origines bourgeoises.

J'ai rencontré Marc un soir que je rentrais du travail vers 20 heures. Ce jour-là comme depuis le début de l'automne 2001, je traînais mon spleen avec ce mal de dos qui ne me lâchait plus. Je n'avais qu'une hâte, celle de rentrer chez moi. Comme je faisais ma correspondance à Nation pour aller à Vincennes, un bel inconnu tout de noir vêtu m'accosta pour me demander son chemin. Il m'expliqua qu'il était perdu car il n'avait pas l'habitude de prendre le métro et me demanda comment faire pour aller à Paris. Je lui indiquai la direction très poliment sans me douter un instant qu'il voulait me draguer. Je n'étais pas maquillée et je trouvais que j'avais une tête de zombie. Je n'étais plus la nana des débuts qui s'habillait en tailleur et talons aiguilles pour aller au travail. J'arborais un jean et un gros pull sous mon manteau trop large et j'avais des ballerines aux pieds. Franchement, j'étais loin de m'imaginer que je pourrai attirer le regard de quelqu'un du sexe opposé. Alors quand il m'a lancé qu'il me trouvait jolie, que j'avais « un beau visage » -c'étaient ses propres termes- j'étais flattée. Je l'ai rapidement jaugé des pieds à la tête. Il était plutôt mignon malgré quelques boutons d'acné qui lui couvraient le front. Pourtant il n'avait pas l'air d'être un adolescent pubère. Je lui donnais facilement le même âge que moi (environ 30 ans). Il n'était pas très grand, à peine une tête de plus que moi et je le trouvais plutôt élégant sous son vieux manteau. Nous avons échangé nos numéros de téléphone puis il a promis de m'appeler.

Arrivée chez moi, j'eus un message sur le répondeur, c'était lui. Quelle belle voix ! À elle seule, cette voix racontait un roman d'amour à la Roméo et Juliette. Elle était douce, suave, affectueuse, passionnée, langoureuse... Je ne l'ai pas rappelé ce soir-là, même si j'en mourais d'envie. J'ai préféré attendre que ce soit lui qui me rappelle. C'est ce qu'il fît le lendemain, puis le surlendemain puis le jour suivant. Nous passions beaucoup de temps à discuter au téléphone (mes horaires décalés ne me permettaient pas de le revoir aussitôt). C'est ainsi que j'ai appris qu'il avait grandi dans le 7e arrondissement de Paris. Je ne sais plus ce que faisaient ses parents, mais ils étaient assez riches pour se payer un hôtel particulier en plein cœur de Paris, du moins son père l'était, puisque sa mère était décédée depuis peu. Ce qui expliquait son air sinistre.

∴

Après le décès de sa mère, les rapports avec son père s'étaient détériorés (vraisemblablement pour une histoire d'héritage), son petit frère et lui avaient préféré déménager pour vivre dans le 15e arrondissement. Ils partageaient un studio. Mais son frère était souvent absent. Il passait la plus grande partie de son temps chez sa copine. Il avait donc le studio tout à lui.

Nous nous sommes revus quelques jours plus tard chez lui. Dès qu'il m'a ouvert la porte, c'était comme si on se connaissait depuis longtemps. Il m'a donné un baiser passionné que seuls des amoureux échangent. Pourtant, c'était la première fois qu'on se voyait depuis que nous avions échangé nos numéros dans la station de RER. Nous succombions au charme l'un de l'autre, incapable de nous retenir. Et nous avions fait l'amour dès ce premier jour. Après tout, nous étions deux adultes consentants. Les jours suivants c'était pareil. Et ainsi de suite pendant une semaine. Puis le charme était rompu. Marc semblait se renfermer sur lui-même. Quand je voulais qu'on se rencontre, il trouvait une excuse, soit qu'il était malade, soit qu'il devait voir son père.

Je n'étais pas amoureuse de lui, mais j'admirais sa personne. Il était beau avec des yeux marron-clairs, avec de longs cheveux bruns noués en queue de cheval et qui me faisaient littéralement craquer. Il s'habillait avec élégance (costume cravate). Il avait de la prestance et surtout il était intelligent. Il était diplômé d'HEC (Hautes Etudes Commerciales), parlait plusieurs langues couramment et avait beaucoup voyagé. Mais quand je l'ai rencontré, il était au chômage parce qu'il avait démissionné de son dernier emploi. Il travaillait avec son père. Quand je lui demandais ce qu'il faisait, il éludait la question. Comme s'il ne voulait pas que je sache. Il me donnait l'impression d'être un peu fils à papa, car il en parlait beaucoup mais pas en bien. Il en voulait beaucoup à son père et semblait l'accuser d'être la cause de la mort de sa mère. Elle est morte d'un cancer. Il avait visiblement du mal à s'en remettre. Je cherchais à mieux le connaître pour comprendre ce qui le rendait aussi mystérieux, mais il refusait de s'ouvrir à moi. Comme ça ne faisait que quelques semaines que je le connaissais, je n'insistais pas. Je me disais qu'avec le temps, il finirait par se confier.

À propos de mystère, il aimait bien faire des tours de magie. Il m'en a appris quelques-uns que j'ai vite oubliés. Parfois, je me demandais si son père n'était pas un grand magicien, du genre David Copperfield, vu qu'il ne voulait pas me dire ce qu'il faisait comme métier. Du reste c'était un garçon très drôle, il me faisait beaucoup rire. Et nous aimions tous les deux la série Friends. Il avait toute la collection. Il aimait aussi les enfants, il me parlait beaucoup de son désir d'en avoir. Quand j'évoquais l'idée que je pourrais être enceinte parce que je ne prenais pas la pilule, il était ravi. Il y avait cette étincelle brillante dans ses yeux qui me faisait penser que c'était la chose qu'il désirait le plus au monde.

Sa réaction m'étonnait beaucoup. Contrairement à lui, tous les autres garçons que j'avais connus avaient une réaction épidermique à l'idée de concevoir un bébé mais pas Marc. Pour lui c'était la chose la plus merveilleuse qui pouvait arriver dans sa vie. Et il serait l'homme le plus heureux s'il pouvait être père. Prudente, je lui demandai si le fait qu'il soit blanc et moi noire ne le gênait pas, parce que l'enfant serait métis. J'avais encore à l'esprit la rumeur selon laquelle les juifs ne se mariaient qu'entre eux.

∴

Quelques années plus tôt, je sortais avec Angelo, un bel italien dont le nom de famille était plus que révélateur de son origine ; il s'appelait Israël (un juif). Ma sœur Ursula me mit en garde. Elle me dit que les juifs ne se mariaient jamais avec les femmes noires. Plus tard, quand Angelo prit la décision de rompre avec moi après deux ans d'une tendre passion, il m'avoua qu'il avait toujours su que malgré ses sentiments à mon égard, nous ne ferions jamais notre vie ensemble compte tenu de ses origines juives. Cette déclaration m'avait tellement meurtrie que je m'étais persuadée que ce que ma sœur m'avait dit était vrai. Toutefois cela ne m'avait pas empêché de flirter avec un juif espagnol, un an après cette rupture. Apparemment je les attirais !

Quand des années plus tard, je tombe sur un Marc Ledoux, un juif (encore un ! jamais deux sans trois !) qui me dit le plus naturellement du monde qu'il ne serait pas gêné d'être le père d'un enfant métis, je ne pouvais que trouver la chose suspecte. Lui par contre ne comprenait pas ma méfiance. Il m'a lancé un jour : « c'est quoi ton problème avec les juifs, c'est des hommes comme tout le monde, et les femmes noires sont des femmes comme les autres ! D'ailleurs la petite amie de mon frère est guadeloupéenne, et ils ont l'intention de se marier ». Et toc ! Je lui ai tout simplement expliqué que j'avais été échaudée par ma relation avec un juif italien, d'autant plus que c'était mon premier petit ami quand je suis arrivée en France. Il m'a répondu, très philosophe, que c'est des choses qui arrivent, il n'y avait aucune raison de généraliser. Et puis, il avait peut-être un nom juif mais il se fichait de la religion. Il était français avant tout et libre d'aimer toutes les femmes du monde. Ce qui est certain c'est qu'il aimait les femmes. Il en avait connu pas mal et de tous les pays. Le grand amour de sa vie était une brésilienne. Il adorait le Brésil, il disait qu'il aimerait un jour aller s'y installer. Pour l'instant, il fallait d'abord qu'il trouve du travail et qu'il règle ses problèmes de famille avec son père et ses tantes. Il ne m'en disait pas plus.

Nous ne nous voyions pas souvent, nous parlions souvent au téléphone parce que monsieur n'était jamais disponible. Je commençais à me sentir seule. Je le lui reprochais et nous nous disputions beaucoup à ce sujet. Souvent, je lui raccrochais au nez et lui me rappelait plusieurs fois pour me supplier de lui répondre. Quand enfin je prenais le téléphone, il me disait des mots doux que j'aimais entendre et on se quittait avec tendresse. Et quand on se voyait pareil, ça partait vite en vrille. Il suffisait que je lui demande des comptes sur le fait qu'on ne se voyait pas souvent, pour qu'il s'emporte et comme je ne supportais pas cette attitude que je qualifiais de macho, je m'emportais à mon tour. Puis, il se calmait et s'excusait de s'être emporté et tout recommençait avec un baiser. Nous avions deux tempéraments de feu et c'était à celui qui crierait le plus fort. Moi qui avais horreur des scènes de ménage, voilà que je me donnais en spectacle devant les passants dans la rue. C'était assez cocasse comme situation.

Ma relation avec Marc était tout feu, tout flamme. Quel que soit l'endroit où on se rencontrait, il fallait qu'on trouve le moyen de se disputer et de se réconcilier ensuite. C'était notre façon à nous de nous aimer. Même si on ne se l'était jamais dit.

Je ne savais pas si je pouvais dire que j'avais un petit ami. C'était un fantôme. Marc refusait obstinément de venir me voir à Vincennes parce qu'il trouvait ça trop loin. Et moi je ne pouvais aller chez lui que quand il était disponible et si c'était possible pour moi. À cause de mes horaires de travail décalés, je finissais souvent à 22h. Parfois, c'est quand je terminais à 19h que je trouvais le temps de le voir. Je ne travaillais pas très loin de chez lui. Ainsi, après mon travail, je pouvais facilement le retrouver tous les soirs. Mais dans ce cas, il ne voulait pas qu'on se voit tous les jours. J'avais l'impression qu'il ne voulait pas s'installer dans une relation stable avec moi. Ce qui l'intéressait c'était d'avoir une copine sans pour autant s'investir.

Je trouvais déjà mon travail stressant et je n'allais pas m'ajouter du stress avec une relation chaotique. Un jour que j'en avais assez de nos disputes, je lui ai dit qu'il était mieux qu'on arrête. Il se faisait tard, et il voulait que je reste pour la nuit. Je lui ai dit que je ne pouvais pas, il s'est emporté. Je me suis levée sans dire un mot et je suis partie. Il m'a suivi dans les escaliers pendant que je descendais, en hurlant que je ne me souciais pas de tous les efforts qu'il faisait. Il tenait à moi et je ne m'en rendais pas compte, d'après lui. C'était un tel vacarme que ça a réveillé ses voisins, l'un deux a lancé qu'il voulait dormir. Très poli, Marc s'est excusé puis a fermé la porte derrière lui. En arrivant chez moi, il y avait un message sur le répondeur. Il me suppliait de le rappeler. Il voulait savoir si j'étais bien arrivée. Je n'ai pas répondu, car trop fâchée d'avoir dû rentrer aussi tard et le lendemain je devais travailler tôt.

J'avais le chic de me mettre dans des situations qui ne me servaient guère avec les hommes. J'aurai dû rentrer tranquillement chez moi après le travail. Je me serai reposée. Au lieu de ça, j'ai voulu voir Marc. L'idée de rentrer chez moi et me retrouver seule entre les quatre murs de mon studio ne m'enchantait guère. Avec Marc au moins, j'allais discuter et rire un peu avant de rentrer chez moi. Malheureusement ça partait souvent en vrille. Pourtant de vivre cette relation tumultueuse avec lui mettait du piment dans ma vie devenue un peu morne. C'était le moindre mal pour moi. Et puis, j'appréciais cette façon paternaliste qu'il avait de se soucier de ma santé, même quand on était en froid. Il m'appelait toujours le premier après nos disputes. Quand je lui disais que je n'avais pas travaillé parce que j'étais malade, il me demandait si j'avais vu le médecin et si je suivais bien le traitement qu'il m'avait prescrit. Le lendemain il me rappelait pour savoir si j'avais bien dormi, si j'avais pris mes médicaments, si j'allais mieux. Ma santé était importante à ses yeux. Cependant, il ne venait jamais me voir, il préférait prendre de mes nouvelles au téléphone. Cela suffisait pour le rassurer. C'était assez curieux. Je ne lui en voulais pas pour ça. Je trouvais plus cool d'aller le voir après mon travail. Je l'aimais bien, même s'il ne voulait pas d'une relation sérieuse.

Pendant ce temps, je continuais à fréquenter Fred. Nous étions presqu'à la fin du mois de janvier, j'avais un sapin chez moi que j'avais mis à Noël et je ne voulais pas l'enlever. Ça me rassurait de le voir là avec toutes ces guirlandes. J'avais l'impression de conserver la magie de Noel. J'ai dû me résoudre à l'enlever au mois de février, une semaine avant la Saint Valentin. Je me sentais triste à l'idée que cette fête approchait et qu'une fois de plus je la passerai seule. Marc se contentait de m'appeler de temps en temps. Pour ma part, c'était fini. Fred était devenu mon confident, je lui racontais tous mes déboires sentimentaux. On se voyait toujours une fois par semaine puisque j'étais souvent en arrêt maladie à cause de mon dos. Il quittait Bussy pour venir me voir entre midi et deux. Nous nous rapprochions de plus en plus, mais je ne voulais pas succomber à la tentation de renouer avec lui, surtout qu'il était marié.

Au travail quand je reprenais après une ou deux semaines de congé maladie, je retrouvais toujours la même ambiance pourrie.

Un samedi soir où j'étais désespérée parce que je ne voyais pas où me menait cette existence sans homme à aimer, sans enfant à chérir et un travail que j'avais appris à détester parce que trop stressant, j'ai ouvert mon frigo et vidé tous les restes d'alcool qui s'y trouvaient.

En ce temps-là, j'aimais bien inviter les amis ou la famille à manger et souvent, on se servait du vin. Et quand il en restait, je le mettais au frigo et je l'oubliais. Il faut dire que l'alcool, je ne l'appréciais qu'en société, je trouvais pathétique de le boire toute seule devant la télé. Justement ce jour-là, j'étais pathétique. Après avoir versé toutes les larmes de mon corps sur ce désastre de solitude qu'était ma vie, je me suis servie un verre puis deux, puis j'ai vidé les fonds de bouteilles qui étaient dans mon frigo. Vers minuit, j'appelai mon amie Sidonie au Mans pour lui partager mon euphorie, résultat d'un mélange de vin rouge et blanc, l'équivalent d'une bouteille, peut-être plus, je n'en savais rien. Sa réaction fut la panique, elle craignait que je fasse une bêtise car elle connaissait mon état dépressif. En effet, chaque fois que je me sentais mal, que je faisais des crises d'angoisse, je prenais le train direct Le Mans pour ne pas me retrouver toute seule et de là, je consultais un médecin pour qu'il me délivre un arrêt de travail que j'envoyais à mon employeur depuis Le Mans. Je travaillais à Montparnasse et le train était direct. J'y passais pratiquement un week-end sur deux. C'était devenu mon refuge contre la dépression. Rien de telle que la famille pour nous réconforter.

J'ai dit à Sidonie de ne pas s'inquiéter. J'avais juste envie de parler un peu et d'oublier un peu mes soucis. Je lui ai promis que ça irait mieux dès que je prendrais une douche et je m'endormirais comme un bébé. Elle m'a fait promettre de prendre le train dès le lendemain matin et qu'elle était prête à payer le billet. J'ai promis. Après avoir raccroché, je ne sais pas pourquoi, j'ai cherché ma Bible que j'avais abandonnée depuis un moment. Quand je l'ai trouvé, je me suis mise à lire des psaumes au hasard et à haute voix, comme si je voulais conjurer le sort qui s'acharnait contre moi. Puis j'ai eu la force d'aller prendre une douche pour m'écrouler ensuite dans mon lit. Vers 3 heures du matin, un spasme douloureux m'a réveillé puis je me suis mise à vomir, heureusement, ce n'était pas dans le lit. Puis je me suis rendormie tellement j'étais épuisée.

Je me suis réveillé vers 8 h le lendemain. C'est l'odeur du vomi qui m'a réveillée. Je n'ai jamais supporté de voir du vomi encore moins l'odeur. Sans me soucier de la gueule de bois, j'ai d'abord tout nettoyé, changer les draps de mon lit. Une fois que tout était propre et que j'avais bien aéré partout, je suis allée prendre une douche pour me préparer à partir pour Le Mans. J'ai appelé Sidonie pour lui annoncer que je prenais le prochain train. Je ne reviendrai que 2 mois plus tard. Cette fois le médecin avait marqué sur mon arrêt de travail épisode dépressif. Ça voulait bien dire ce que ça voulait dire.

Une fois au Mans, j'ai été accueillie chaleureusement par mon oncle Bob et Sidonie, ainsi que la sœur de cette dernière et ma petite cousine que le couple avait recueillie, qu'il élevait comme leur propre enfant. Bob et Sidonie avait un bébé qui est né en décembre 2001 et avait à peine 2 mois. Le couple avait décrété que j'étais sa marraine et Sidonie avait pris l'habitude de m'appeler marraine. J'étais heureuse de tous les retrouver et je comptais bien profiter du temps que je passerais avec eux pour me refaire une santé psychique. Mon était dépressif était tel que le médecin m'avait prescrit des antidépresseurs.

6

Je suis restée au Mans tout le temps qu'a duré mon arrêt maladie (environ 2 mois). Je correspondais avec Fred par mail ou par téléphone. Je lui ai expliqué que j'avais « pété les plombs » et que j'avais besoin d'être avec ma famille. Il était surpris que je lui dise ça, parce qu'il me voyait toujours si forte et énergique. Une vraie battante comme disait un copain du pays. Mais la guerrière en moi s'était blessée au combat et avait besoin de reprendre des forces. Marc aussi m'a appelée une ou deux fois puis je n'ai plus jamais entendu parler de lui.

Mes journées au Mans se déroulaient presque de la même manière. Je me réveillais tôt vers 7 heures mais je ne sortais de la chambre que vers 9 heures parce que je consacrais beaucoup de temps à la prière matinale. Maintenant que j'avais renoué avec Dieu, je voulais m'abandonner à Lui. J'aimais bien commencer ma prière par la récitation de mon chapelet que j'avais acheté à Lourdes. Cela me rappelait ma grand-mère. Elle priait beaucoup la Sainte Vierge Marie. Ensuite, je terminais ma prière en récitant les psaumes comme me l'avait conseillée ma mère. Elle m'avait donné certains psaumes précis comme le psaume 91 et le psaume 23 que je complétais par d'autres psaumes qui correspondaient à mon état du moment. Ce n'est qu'après ce moment de recueillement que j'entamais ma journée.

Bob et Sidonie ne travaillaient pas. Lui était à la recherche d'un emploi et elle était en congé parental. Je partageais la chambre de mon filleul. Mais le matin très tôt, pour me permettre de prier tranquillement Bob venait le chercher. J'aimais bien m'occuper de mon filleul. Il était tellement beau. De le voir me rappelait à quel point j'avais envie d'avoir un bébé moi aussi et dans mes prières je rappelais à Dieu de m'exaucer.

Les après-midis, je faisais souvent de longues siestes à cause des antidépresseurs qui m'abrutissaient complètement. J'avais opté pour suivre le traitement jusqu'au bout même si je n'aimais pas beaucoup leur effet sur moi. Je faisais confiance au médecin. Il m'arrivait même encore malgré le traitement d'avoir des crises de larmes, ce qui désolait mes hôtes. Sidonie comprenait mon désarroi mais était totalement impuissante. Elle jouait un peu les psys en me demandant d'exprimer ce qui me mettait dans cet état-là. De lui parler me faisait beaucoup de bien.

Les soirées étaient animées, nous jouions beaucoup aux jeux de sociétés et on riait beaucoup. Ces moments me rappelaient à quel point la famille était importante. Je pouvais oublier mon mal-être. Ma mère était rassurée de me savoir au Mans entourée des miens ainsi que le reste de la famille au Congo. L'hypothèse que j'aille m'installer au Mans avait été évoquée sauf que je n'y adhérais pas. C'est vrai que j'aimais venir prendre un peu de chaleur humaine auprès des miens mais la ville du Mans ne me plaisait pas spécialement, je la trouvais trop petite à mon goût. Moi j'aime les grandes villes comme Paris, Lyon ou Marseille. J'aurai vite fait de m'ennuyer au Mans. Ce qui était paradoxal pour quelqu'un qui passait son temps cloitré entre quatre murs. Toutefois j'étais consciente que c'était un état temporaire.

Quand je suis en forme, j'aime sortir, aller danser, au ciné, visiter les musées, me balader dans les parcs et sur les Champs Elysées ! Tout ce grouillis de touristes m'a toujours ravie. Chaque fois que j'avais envie de voir du monde, je m'offrais un bain de foule sur ce beau et grand boulevard des Champs Elysées. Et c'était magique ! Le Mans ne m'offrait pas cette possibilité. Certes, j'étais heureuse d'y retrouver ma famille, mais pour les raisons que je viens d'évoquer, je ne pouvais envisager de m'y installer. Et puis j'avais mon travail, même si je l'avais déserté. J'avais juste besoin de me remettre en selle et puis ça irait mieux. C'est ce qui s'est passé deux mois plus tard.

∴

J'appréciais mes échanges avec Fred par mail ou par téléphone. Je lui confiais mon rêve d'avoir un bébé et je désirais vivement trouver le père. Au départ j'ai cru que ce serait Marc parce que malgré notre relation tumultueuse, je me disais qu'il serait un bon père pour mon enfant. Il ne m'avait pas caché son désir d'être père. Simplement c'était fini entre nous. C'est pourquoi j'espérais de tout mon cœur rencontrer celui qui serait le père de mon enfant.

Malgré les apparences, je le considérais vraiment comme un ami, même si je voyais bien que de son côté ce n'était pas l'amitié qui motivait ses contacts incessants. Je n'avais jamais imaginé faire un enfant avec un homme marié et Fred l'était. Dans mon esprit, il était exclu d'office de la liste des potentiels papas, même si parfois je le laissais entendre qu'il aurait pu être le candidat idéal. Le fait était qu'il n'était pas disponible. Je me contentais donc de lui comme ami.

Avant de partir pour Le Mans, je lui avais confié que j'avais posé nue comme modèle dans une école de peinture. Cela avait dû réveiller son désir de me voir dans mon simple appareil et c'était certainement pour lui la meilleure occasion qui lui était offerte de me reconquérir sans avoir l'air de le faire réellement. C'est pourquoi, il me fit la proposition de me peindre. Face à mon étonnement, il m'expliqua qu'en tant qu'architecte, il savait dessiner et que faire le dessin d'une femme nue était dans ses cordes et cela s'appelait « un nu ». Même si j'avais posé dans cette école de peinture, je ne le savais pas (ou j'avais dû oublier) et j'étais ravie de l'apprendre. Mais je ne comprenais pas ce désir soudain de vouloir me peindre à tout prix, même si je me doutais un peu de l'intention cachée derrière cette envie. Chaque fois qu'on échangeait par mail, il me demandait quand je prévoyais de rentrer à Paris parce qu'il était impatient de me revoir afin de me peindre. Et moi j'éludais la question en changeant de sujet.

Alors un jour de guerre lasse, il mit en objet de son mail le titre suivant : « un nu d'abord ! » Ce titre m'avait tellement surpris que je me demandais ce qu'il voulait bien dire (j'en avais tout de même une petite idée). Je me pressais comme à mon habitude de lire le contenu de son message. Il m'expliqua qu'il se languissait de moi et que je lui manquais vraiment. Et surtout qu'il avait hâte de me peindre toute nue. Je compris alors qu'il me désirait moi, c'est pourquoi je lui manquais. Cette idée de me peindre n'était qu'un prétexte. Il voulait passer à la vitesse supérieure. J'étais prévenue !

Depuis le mois d'octobre qu'on se fréquentait, cela faisait 6 mois, je pense qu'il commençait à en avoir assez de jouer les confidents. Nos conversations pendant mon séjour au Mans tournaient de plus en plus autour de son désir de me peindre toute nue. Je me doutais bien que ce n'était pas pour l'amour de l'art qu'il voulait à tout prix que je pose pour lui mais je faisais mine de rien. J'étais curieuse de voir comment il allait mener sa barque pour me convaincre de le voir plus que comme un bon ami. Moi je n'étais aucunement gênée de cette situation. Après tout, la plupart de mes amis étaient des hommes qui prétendaient être amoureux de moi et que j'avais réussi à transformer en amis sincères. Pourquoi ce ne serait pas possible avec Fred ?

Non ce n'était pas possible parce que monsieur avait bien en tête de reconquérir mon cœur. Il voyait bien que je résistais à ce sentiment parce que j'en avais trop souffert, c'est d'ailleurs ce qui avait précipité mon voyage au Mans. Je sentais que mes sentiments pour lui commençaient à renaître et je ne voulais pas y céder. D'un autre côté, Marc m'avait fait une scène affreuse au téléphone. Il avait appelé un jour où Fred était venu me rendre visite. Il voulait qu'on se voie et moi je n'avais pas envie. Je ne savais plus quoi penser de Marc. Un coup il disparaissait, un coup il me rappelait et voulait me voir. Je lui ai tout simplement fait comprendre que je n'étais pas à sa disposition. Alors il s'est énervé et il a raccroché. Fred avait assisté à toute la scène. Il a peut-être vu poindre la menace d'une réconciliation possible avec cet homme, alors il a certainement voulu éviter que ça n'arrive pas en insistant sur ce fameux nu. Il voulait peut-être tirer son épingle du jeu sur ce coup-là. C'est pourquoi il a imaginé ce dessin de nu. Il se doutait bien que je n'aurai aucun mal à me déshabiller devant lui pour poser nue. Si j'avais pu poser dans une école devant des inconnus, je n'aurais pas à avoir de gêne devant un ex amant. Sauf qu'il y avait un risque ! La séance ne s'arrêterait pas à la peinture ! Et pendant que nous échangions sur internet depuis Le Mans, je sentais que j'étais de plus en plus encline à prendre ce risque.

Plus nous nous écrivions de messages, plus je me sentais proche de lui. Vers la fin du mois de mars avec l'arrivée du printemps, je me sentais déjà mieux. La dépression semblait me quitter. De voir la nature se réveiller de son long sommeil hivernal pour accueillir les rayons de soleil et offrir plein de couleurs en échange, me remplissait d'une certaine énergie que je n'avais plus senti monter en moi depuis longtemps. Je me sentais revivre. J'ignore si les antidépresseurs avaient fait leur effet, mais au bout d'un mois de traitement, j'avais dû les abandonner considérant qu'ils m'abrutissaient par le sommeil. J'avais l'impression d'avoir le cerveau embrumé, tellement je dormais. Et plus je dormais, plus j'étais fatiguée. Parfois je m'imaginais être la belle au bois dormant que son prince viendrait sortir de son sommeil par un baiser d'amour. À ce stade seul l'amour serait mon salut. Et je commençais à le ressentir pour Fred. Je savais qu'il était marié et qu'à aucun moment il ne pourrait être à moi. Cependant, je me plaisais à imaginer ce que ce serait de l'embrasser de nouveau après toutes ces années, de sentir ses lèvres se poser langoureusement sur les miennes. Mais l'idée de souffrir à nouveau me faisait peur. Alors, je chassais ces pensées de mon esprit.

Au début du mois d'avril, je décidais que je pouvais rentrer à Paris et reprendre le travail. J'avais dit à Fred que je serai de retour la première semaine d'avril. Nous étions mardi et nous avions prévu de nous rencontrer le vendredi chez moi. Sidonie n'était pas enchantée de me voir flirter de nouveau avec Fred, mais je n'en avais cure. Tout ce que je voulais, c'était avoir un bébé et dans ma tête, j'avais décidé que ce serait Fred le père de mon futur bébé, peu m'importait qu'il fût marié. C'est pour cette raison que j'allais le retrouver. Je voulais qu'on en discute. Je voulais avoir son accord. Pour moi c'était la condition pour que je renoue avec notre passé commun. J'avais beau ressentir ma passion pour lui se rallumer, mais je ne perdrais pas le nord cette fois-ci. Il s'agissait de déterminer clairement l'objectif de cette liaison interdite. La morale m'interdisait de coucher avec un homme marié, mais elle ne m'interdisait pas d'en tomber amoureuse. Quitte à tomber amoureuse mieux valait que la chute fût adoucie par l'arrivée d'un bébé. D'ailleurs, c'est ce que ma sœur Emilie me dit un jour que je lui annonçai que j'avais renoué avec Fred. « J'espère que vous ferez Chloé » me lança-t-elle calmement d'un ton de reproche, sachant que Fred était marié. Chloé c'était le prénom que je donnais à mon bébé imaginaire, une petite fille et Emilie savait que mon désir de l'avoir était très fort, peu importe que ce fut avec un homme marié. Le plus important était que j'aie enfin mon bébé.

Je ne sais pas pourquoi nous les femmes nous pensons toujours à une fille quand nous désirons notre premier bébé. Peut-être est-ce le désir de jouer à la poupée comme quand nous étions nous-mêmes petite fille ? Une petite fille on peut l'habiller de belles petites robes et la coiffer à notre guise, comme une poupée ! C'était là mon désir.

Je suis rentrée à Paris le jeudi après-midi. J'étais heureuse de retrouver mon petit cocon douillet après une si longue absence. Comme dit l'adage, mieux vaut un petit chez soi qu'un grand chez les autres. C'est vrai que Chez Sidonie et Bob c'était grand. Leur appartement faisait 86 m2 comparé à mon petit studio de 20 m2, il n'y avait pas photo ! Mais c'était chez moi et je m'y sentais bien. À présent que j'étais remise de ma dépression, j'allais reprendre le travail le lundi suivant et j'avais tout le week-end pour reprendre mes marques dans la solitude de mon studio et cette idée ne m'effrayait plus du tout. Surtout avec le beau temps et Fred dans les parages, je ne risquais plus de m'ennuyer !

∴

J'ai revu Fred le vendredi vers 12h30. Il est venu les mains chargées, d'un côté il avait une pizza et de l'autre un bouquet de fleurs. Le bouquet était un peu tristounet à mon goût, sans raffinement, le genre de bouquet qu'on trouve chez marchand du coin à 10 euros. Toutefois, je l'ai remercié après l'avoir embrassé sur la joue, non sans souligner que j'aurai préféré des tulipes. J'ignore si ma remarque l'avait vexé ou pas, mais il n'a rien dit. Je l'ai invité à prendre place sur une chaise près de la table de cuisine, à côté de la fenêtre et j'ai mis les fleurs dans un vase. J'avais laissé la fenêtre grande ouverte afin de laisser entrer le soleil tellement il faisait beau. Le soleil avait vraiment un effet curatif sur moi. Je me sentais jeune et ragaillardie. Toutes ces couleurs dans la nature me mettaient dans une humeur joviale.

J'ai mis la pizza dans une assiette et nous avons mangé tout en discutant de tout et de rien comme de bons vieux amis. Au fil de la conversation, je constatais qu'il gardait souvent le silence et me lançais des œillades énamourées auxquelles je répondais gentiment sans plus. Je ne voulais pas qu'il s'imagine que ce serait aussi simple avec moi. J'allais d'abord lui faire ma proposition de bébé avant de m'abandonner à lui. Quand j'ai vu que la tension commençait à monter et que les hormones se mettaient à bouillir en moi, j'ai coupé court en lui proposant une promenade dans le quartier. Ce qui me permettrait ensuite de le raccompagner jusqu'à la station RER pour qu'il rentre chez lui. Il commençait à se faire tard. Il était 14 h et je savais qu'il en avait au moins pour une heure et demie de trajet pour rentrer chez lui. Et il avait l'habitude de rentrer tôt chez lui le vendredi après-midi. Ruth allait peut-être s'inquiéter de ne pas le voir rentrer. Il m'a répondu qu'il avait pris son après-midi. Quant à Ruth, il saurait bien comment la rassurer. Néanmoins il a accepté ma proposition de faire un tour. Dès qu'on est sorti, il m'a pris la main, signe explicite qu'il voulait qu'on soit plus que des amis. Je n'ai pas retiré la mienne, signe j'acceptais peut-être sa proposition. Nous avons fait le tour du pâté de maisons. Pendant la ballade nous avons abordé le sujet sur la raison de mon départ précipité au Mans. Il me rappela son étonnement de me voir flancher. Il m'a toujours vu si forte et pleine d'entrain sans jamais laisser transparaître la moindre tristesse dans le regard. Je lui expliquais que quand une femme désirait fortement un bébé et si elle n'y parvenait pas malgré toutes ses tentatives, il arrivait qu'elle perde pied malgré un tempérament solide.

Cela faisait plusieurs années que je désirais un bébé. J'ai même pris des risques inconsidérés pendant une période de ma vie (rapports sexuels sans protection) juste pour assouvir cette soif de procréation. Mais je ne suis jamais tombée enceinte. J'ai fini par croire que j'étais stérile. Mon médecin traitant que j'avais consulté à ce propos m'avait assuré qu'il n'y avait aucun problème physiologique et qu'il fallait juste faire preuve de patience. Puis il avait conclu sa consultation par cette phrase assassine :

- Vous êtes célibataire, c'est normal, vous ne pouvez pas concevoir avec un partenaire de passage. Moi qui suis marié, ma femme et moi nous avions dû attendre un an avant d'avoir notre premier. Aujourd'hui nous en avons deux. Soyez patiente, quand vous trouverez le père ça ira mieux !

Il croyait peut-être me rassurer en me parlant en ces termes. Cela a sonné le glas dans mon esprit déjà torturé. Je me voyais terminant ma vie toute seule, sans mari et sans enfant. Rentrant tous les soirs dans un appartement vide sans personne qui m'attendrait. C'était plus que je ne pouvais le supporter. C'est ce genre de scénario qui trottait dans ma tête quand j'ai craqué.

Il m'a écouté avec beaucoup d'attention sans dire un mot. Il faut dire que Fred n'a jamais été très bavard. C'est toujours moi qui alimentais nos conversations d'anecdotes croustillantes sur ma vie avec mes copines ou mes potes, lui se contentait de m'écouter et d'acquiescer. De temps en temps, il arrivait qu'il me parle de lui et de sa famille. Ce jour-là justement, pour changer de sujet nous avons parlé de son fils, Joël. Je lui ai demandé de me le décrire. Vu qu'il était métis et que Ruth était foncée comme moi, je voulus savoir ce qu'avait donné le résultat des deux. Il me dit que c'était un savant dosage des deux, le petit n'était ni trop clair et ni trop foncé. Je lui demandai s'il avait une photo. Il me répondit qu'il me la montrerait la prochaine fois. Pour la simple raison qu'il avait laissé sa sacoche chez moi. J'avais oublié ce détail, le coquin ! Il l'avait fait exprès. Nous étions donc obligés de passer chez moi pour la récupérer. J'ai saisi l'occasion de lui reparler du futur père de mon enfant que je cherchais depuis longtemps et lui ai posé la question de savoir s'il voulait être le papa de mon futur bébé. Il m'a regardé droit dans les yeux et il a souri. Comme s'il attendait depuis longtemps que je lui en parle. Comme à son habitude, il n'a pas répondu, juste un sourire et c'était tout. J'ai réitéré ma demande, cette fois-ci, il m'a prise dans ses bras. Je croyais qu'il allait m'embrasser là dans la rue, mais au lieu de cela, il m'a fait une bise sur le front puis nous avons continué notre ballade romantique dans les rues de Vincennes main dans la main.

Vers 15 heures, nous sommes rentrés chez moi récupérer son sac, je m'attendais à ce qu'il s'en aille aussitôt. Mais il a tenu à s'asseoir encore un peu. Visiblement il n'avait pas envie de partir, il voulait encore discuter. Cette fois, au lieu de me laisser m'asseoir sur une chaise en face de lui, il m'a attirée doucement vers lui pour que je m'asseye sur ses genoux. Je commençais à me sentir nerveuse car je sentais la passion monter en moi et je n'allais pas résister plus longtemps à ses avances. Alors je me suis mise à parler, à beaucoup parler, juste pour cacher ma nervosité à l'idée de ce qui allait se passer. Pendant ce temps, il se mit à me caresser doucement le dos. Un peu crispée au départ mais consciente que c'était ce que j'attendais depuis longtemps, au bout de quelques minutes, je me détendis sous l'effet de ses doigts qui parcouraient langoureusement mon dos. Silencieux, il continuait à me caresser le dos tout en me fixant dans les yeux pendant que je continuais mon bavardage. Je me laissai faire et me surpris à poser ma tête sur son épaule puis je me tus. Tendrement, il me caressa la joue de sa main libre. Puis ses lèvres effleurèrent ma joue et tout doucement, il vint poser un baiser sur ma bouche. Je lui rendis son baiser avec la même douceur. Soudain, ce fut l'explosion des hormones. Il se leva et d'un geste viril, me prit dans ses bras pour me poser doucement dans le lit qui était juste à côté. Je me laissais faire parce que c'est ce que je voulais sans pouvoir me l'avouer. N'était-il pas l'homme de mes rêves ? Je ne pouvais que l'embrasser avec autant de passion tant il me faisait vibrer. Quelques minutes plus tard, nous étions dans les bras l'un de l'autre. Voilà, le virus de Fred Orsell allait se réveiller après plus de 6 ans de sommeil. Nous retrouvions nos 20 ans...

7

J'ai repris le travail le lundi suivant comme prévu. J'étais heureuse de retrouver mes collègues mais l'atmosphère dans l'entreprise était toujours aussi tendue avec des téléphones qui sonnaient de partout, les collaborateurs répondaient aux appels toujours dans un état de constante pression. Il y en avait même qui, excédé par un client odieux raccrochait purement et simplement (ce qui n'était pas du tout permis !), tant pis s'il écopait d'une réflexion de la part de superviseur. J'ai parfois entendu certains collègues dire qu'on était comme à l'usine compte tenu du rythme infernal des appels. Il est vrai que l'espace de travail n'était pas très lumineux et avec tous ces gens dans les boxes à prendre des appels à la chaine, on se sentait comme dans une usine à gaz où, à la moindre étincelle tout risquait d'exploser.

Je n'ai travaillé que trois semaines avant de m'arrêter de nouveau pour deux semaines. J'alternais deux semaines de travail et deux semaines d'arrêt maladie. J'étais devenue la championne des arrêts de travail. À chaque fois que je devais reprendre le travail, je sentais en moi monter une boule d'angoisse à l'idée de devoir répondre au téléphone, mais quand j'arrivais à mon poste de travail, je me comportais en vrai professionnel. Mes clients étaient très souvent satisfaits de mes prestations et j'avais de bonnes notes d'écoute. Cependant, mes absences répétitives commençaient à faire grincer des dents la direction. Même si je n'étais pas la seule à souvent m'absenter (plusieurs collègues étaient absents pour les mêmes motifs).

Vers la fin du mois de mai, je reçus un message dans la boite aux lettres professionnelle qui me déstabilisa complètement. Le message était intitulé « titre de séjour expiré ». Quand j'ai cliqué dessus, j'ai failli avoir une attaque en lisant le contenu. Les ressources humaines me demandaient de présenter ma nouvelle carte de séjour car, disaient-ils, elle avait expiré. Ce n'était tout simplement pas possible puisque je leur avais présenté une carte de séjour valable 10 ans qui datait de l'année 2000 et nous n'étions qu'en 2002 ! J'en ai conclu que la direction avait découvert le pot aux roses. Compte tenu de mes absences répétées, ils ont fouillé et trouvé un moyen de se débarrasser de moi. J'étais foutue ! En pleine panique, ma seule réaction fut de me mettre de nouveau en arrêt maladie en attendant de trouver une solution.

Après mon retour du Mans, j'avais entrepris de consulter un spécialiste afin de prévenir mes crises d'angoisses et traiter la dépression qui semblait s'être installée en moi. Malgré mes deux mois de congés maladie passés au Mans, dès que j'avais repris le travail, mon moral s'était de nouveau mis à dégringoler. Il fallait que je fasse quelque chose. La psychothérapie n'étant pas remboursée par la sécurité sociale, j'avais décidé de me faire suivre par un psychiatre. J'avais le double avantage de voir mes frais de santé remboursés et de me faire arrêter en cas de besoin. J'y allais une fois par semaine.

La première fois que j'ai rencontré le psychiatre et que nous avons parlé, nous nous sommes mis d'accord sur une séance par semaine et moi ça me convenait très bien. Au moins j'allais pouvoir me confier sans crainte de jugement à un professionnel. C'était cool. En plus le psy était sympa. C'était un homme d'une trentaine d'année, pas très grand, brun, avec un visage agréable. C'était la première fois que je consultais un psy. Lors de la première séance, il m'a écouté parler pendant près de 45 minutes sans broncher (c'était bizarre de parler devant quelqu'un qui gardait le silence), puis à la fin de la séance, il m'a expliqué que pour un bon suivi il fallait que je vienne régulièrement toutes les semaines. Nous décidâmes que ce serait tous les jeudis.

Cela faisait déjà quelques mois que je voyais mon psy quand après lui avoir exposé la situation au travail concernant ma carte de séjour, je lui demandai de m'arrêter sinon ce ne serait pas une séance par semaine qu'il faudrait pour calmer mes angoisses mais ce serait carrément un internement pour dépression aggravée. Il est vrai que le fait d'être dans l'illégalité me rendait littéralement malade. C'était vraiment le cas de le dire ! Ne pas avoir de papiers légaux pour vivre en France m'avait réellement rendue malade. J'avais souvent mal au dos, je souffrais d'insomnie et j'étais sujette à des crises d'angoisse. Je me sentais prisonnière d'une situation que je n'aimais pas du tout. Je devais supporter un travail que je détestais parce que c'était le seul qui me permettait de vivre dignement dans ce pays qui n'était pas le mien. Et je ne voulais pas rentrer chez moi parce que j'avais honte de n'avoir pas réussi mes études et de rentrer sans diplômes. Ma famille avait toujours vu en moi une fille brillante qui ferait de grandes études. Or, j'avais dû abandonner mes études pour subvenir à mes besoins, étrangère sur une terre étrangère (pour paraphraser Paolo Coelho).

Mon psy s'est montré très compréhensible et m'a signé un premier arrêt maladie de trois semaines assorti d'un traitement aux antidépresseurs. Même si j'étais soulagée de rester chez moi pour réfléchir à une solution, le fait est que je ne savais pas comment faire pour me sortir de cette situation. Je vivais de l'angoisse constante de me faire reconduire à la frontière et souvent cela se manifestait par des crises de larmes incontrôlables. Heureusement que j'avais Fred pour me consoler. Par contre je ne lui confiais pas la raison de ma dépression. Je lui disais juste que je passais un cap difficile au travail et qu'il fallait que je m'en éloigne pendant un certain temps. C'est pour ça que je voyais un psy. D'apprendre que j'étais dans cet état le désolait, toutefois il admirait mon courage. J'affichais toujours un visage serein sur lequel ne perlait aucune trace des combats de l'existence que j'avais dû mener jusque-là pour m'en sortir. C'est que l'amour que j'avais pour lui me donnait la force de paraître inébranlable devant lui. Je ne voulais pas qu'il ait une image faible de moi. Je savais qu'il admirait mon tempérament de femme solide et je voulais qu'il en fût toujours ainsi. Mais quand je me retrouvais seule, je m'effondrais.

Je me confiais à ma sœur Emilie qui s'inquiétait beaucoup de me savoir dans cet état. C'est d'ailleurs elle qui m'avait vivement conseillée de consulter un spécialiste. En ce temps-là, j'étais opposée à l'idée d'exposer mes problèmes à un inconnu, fut-il un spécialiste. J'avais toujours pensé que j'étais assez forte pour régler mes problèmes toute seule et puis j'avais mes amies et ma famille pour m'écouter si j'avais besoin d'une oreille compatissante. Comme à son habitude, elle avait su trouver les mots justes pour me convaincre. Elle pensait que ça me ferait du bien de parler à un professionnel parce que ce dernier aurait un regard objectif sur la situation pas comme la famille et les amis. Et puis, je pourrais parler librement sans craindre de jugement de sa part.

Emilie était plus jeune que moi de 4 ans, mais compte tenu de mon état dépressif, elle se comportait comme une grande sœur protectrice et je la laissais volontiers endosser ce rôle qu'elle jouait à merveille.

Un jour où je ne m'y attendais pas du tout, j'eus la surprise de voir débarquer chez moi une Emilie accompagnée d'Ursula et de ma belle-sœur Myriam. Toutes les trois habitaient ensemble à Sannois dans le Val d'Oise. Elle avait convaincu Ursula de venir jusqu'à Vincennes me voir parce que je n'allais pas bien alors que celle-ci ne m'adressait plus la parole depuis près de 4 ans. De la voir là devant moi dans mon studio, m'expliquant qu'elle s'inquiétait pour moi, m'avait quelque peu laissée perplexe. Je m'attendais à tout sauf à la voir chez moi. Elle m'a expliqué qu'au travail, tout le monde lui demandait de mes nouvelles et comme elle était incapable de leur répondre, ça commençait à paraître étrange à nos collègues. L'inquiétude mêlée au lien fraternel intangible malgré la discorde entre nous, elle a voulu venir prendre des nouvelles et savoir ce qui n'allait pas.

Ursula travaillait dans la même entreprise que moi. Même si nous ne nous adressions pas la parole, le fait que nous avions le même nom de famille avait trahi notre lien de parenté. Cela ne m'avait pas plu de la savoir dans la même boîte que moi, mais je n'y pouvais rien. Après tout, elle avait elle aussi le droit de trouver un vrai boulot plutôt que de faire la nounou toute sa vie. Et c'était la seule entreprise qui ne s'embarrassait pas de l'origine des personnes pour embaucher. D'ailleurs c'était bien connu, les noirs et les arabes qui voulaient travailler dans un bureau commençaient tous à Nouvelle-performance. Je n'étais donc pas surprise que ce soit la seule boîte où elle avait trouvé du boulot après avoir abandonné elle aussi ses études. C'est mon superviseur qui me l'avait annoncé un jour, suite à une campagne de recrutement pour renforcer l'équipe des commerciaux. Il m'avait demandé, curieux : « nous avons embauché une Ursula qui porte le même nom de famille que toi, est-ce que c'est ta sœur ?». J'avais dû reconnaitre que c'était le cas, même si la tentation était forte de dire non car je ne voulais plus entendre parler d'elle.

Après notre dispute en 1998 qui avait abouti à ce que je déménage et que je trouve mon propre logement, j'avais tenté de me rapprocher d'elle à plusieurs reprises. Je n'ai jamais eu un tempérament rancunier et je voulais qu'on se réconcilie. Egale à elle-même, elle m'avait froidement rejetée. Frustrée, à mon tour je ne voulais plus du tout la voir. J'avais décidé qu'elle serait désormais une inconnue pour moi. Toutefois, quand j'ai su qu'on devait désormais travailler dans la même entreprise, je me suis dit « à quoi bon nier que c'est ma sœur, ça se saurait de toute façon ». Mes collègues congolais savaient que c'était ma sœur. C'étaient des amis communs. Je ne voulais pas que tout le monde sache qu'on ne s'entendait pas. Si j'avais dit que ce n'était pas ma sœur alors qu'elle l'était, on aurait compris qu'il y avait un problème entre nous. Je ne voulais aucunement attirer l'attention sur nous.

Ce jour-là, j'ai expliqué à mes sœurs ce qui s'était passé au travail avant mon arrêt de travail prolongé. J'avais reçu un email de la direction intitulé « titre de séjour expirée » dans lequel on me demandait de présenter ma nouvelle carte de séjour. Sachant que je n'avais pas d'autre carte de séjour à leur présenter que celle qu'il y avait dans mon dossier, j'en avais conclu qu'ils avaient découvert qu'elle était fausse. Alors j'avais décidé de ne plus aller travailler, de peur de me faire virer pour absence de titre de séjour. Et c'est pourquoi, j'étais dans cet état psychologique lamentable. Je ne supportais plus cet état de conflit permanent. Il fallait trouver une solution.

Emilie me dit qu'elle allait en parler à un de ses amis d'enfance qui habitait Bordeaux. C'était un enfant du pays, un congolais né en France. Il avait la nationalité française. Il avait passé toute son adolescence à Brazzaville, c'est là qu'Emilie avait fait sa connaissance. Il comprendrait la situation et serait prêt à me rendre service en se mariant avec moi. Ursula et Myriam étaient d'accord avec cette idée et nous conclûmes que ce serait la meilleure solution. Nous restâmes encore à discuter un moment. Mes sœurs voulaient s'assurer que je ne ferais pas de bêtises à cause des « papiers », la vie valait la peine d'être vécue. Je les rassurai et les raccompagnai jusqu'au RER. J'étais heureuse de pouvoir compter sur ma famille.

8

Cette même année, au printemps 2002, Paolo Pereira avait ressurgit dans ma vie. Paolo Pereira était un métis portugais de Pointe-Noire. C'était un ancien soupirant que j'avais laissé en plan en quittant le Congo. Sa famille était très célèbre dans la ville. Les Pereira étaient propriétaires de la plupart des boulangeries du coin. Dès qu'on prononçait le nom de Pereira, tout le monde savait de qui on parlait.

Paolo était l'un des nombreux garçons des frères Pereira. Il était issu d'une famille de 9 enfants. Il faisait partie des plus jeunes. C'est pourquoi je ne le connaissais pas. Je connaissais les aînés de la famille car nous nous rencontrions souvent dans les soirées mondaines. Tout le monde connaissait tout le monde à Pointe-Noire. Du moment qu'on avait un membre de sa famille qui était riche, on ne pouvait que se reconnaître. Mon grand-père paternel était le riche propriétaire d'un hôtel de la ville très réputé pour sa riche clientèle. On y rencontrait des hommes d'affaires, des hommes politiques, des avocats, bref. L'élite de la ville aimait se retrouver dans cet hôtel. Pour la simple raison que son positionnement géographique dans un quartier populaire de la ville leur assurait une certaine discrétion. Personne ne penserait qu'un « dignitaire » comme on les appelait, ne descendrait dans un hôtel de quartier. D'habitude, il préfère choisir un hôtel cossu du centre-ville près de la plage avec tout le prestige que cela implique. Toujours est-il que mon grand-père avait compris en homme d'affaires averti, qu'un hôtel dans un quartier populaire était un bon investissement.

Étant la petite fille, par mon père, d'un homme d'affaires réputé dans la ville, mon nom était connu de tous. De même, du côté de ma mère son oncle fut le gouverneur de la Ville et son fils l'avait succédé dans de hautes fonctions politiques en devenant préfet de la région. C'est la raison pour laquelle, que j'étais aussi connue qu'un loup blanc dans ville de Pointe-Noire et que je connaissais pratiquement tout le monde, même si j'étais brazzavilloise. Du moins, je connaissais les grandes familles.

∴

J'avais fait la connaissance de Paolo par l'entremise de mes cousines en 1993. Quand je ne passais pas mes vacances d'été à Paris, je les passais à Pointe-Noire chez ma mère. Parfois, je commençais à Pointe-Noire et je terminais mes vacances à Paris pour faire les courses afin de préparer la rentrée scolaire.

Cette année-là, ma mère venait de se séparer du père de ses enfants. Elle avait trouvé refuge dans la grande maison familiale dont avait hérité mon oncle maternel. Elle y occupait une chambre donnant sur l'extérieur et pouvait jouir de la liberté de recevoir qui elle voulait. Simplement, elle ne pouvait m'y héberger à cause de l'exigüité de la pièce. Elle me savait exigeante et attachée à mon confort. Elle préféra négocier avec mes « sœurs » (cousines germaines par mon père) et leur demanda de m'accueillir chez elles parce qu'elles vivaient dans une grande maison chez leur maman. Elle leur avait parlé de mon arrivée imminente et ces dernières étaient ravies de m'héberger.

Mariette et Judith étaient de vraies sœurs pour moi d'autant plus que nous portions le même nom de famille. Je m'entendais mieux avec elles qu'avec ma propre sœur Ursula. Je leur confiais tous mes secrets et elles faisaient de même. Nous étions très complices. Leur maman avait fait construire une belle maison dans un quartier, certes éloigné de la ville, mais qui était agréable à vivre. Très gentille, elle ne vit aucun inconvénient à me voir ainsi débarquer chez elle pour tout l'été. Le sens de l'hospitalité au Congo et en Afrique en général a toujours été très développé. Installée chez mes cousines, je n'avais qu'à prendre un taxi tous les jours pour aller voir ma mère.

Paolo était un oncle éloigné de mes cousines par leur maman. Il passait souvent leur rendre visite. Quand il me vit pour la première fois, il se mit en tête de me faire la cour. Même s'il avait déjà une copine ; Adèle. D'ailleurs, celle-ci était aussi une cousine (comme on en a plein en Afrique) et avec laquelle il venait d'avoir un bébé, une petite fille. Mais cela ne gênait aucunement ce voyou. Il n'a pas cessé de me faire ouvertement des avances devant Adèle, faisant passer son intérêt à mon égard pour de la bienveillance envers une belle-sœur. Adèle ne se doutait de rien.

Quand je menaçais Paolo de tout lui révéler s'il n'arrêtait de me tourner autour, il me répondait tout simplement avec beaucoup d'aplomb qu'il nierait tout. Puis, comme si de rien n'était, il poursuivait ses assauts de séduction. Dans la journée, il ne ratait pas une occasion de venir me voir. Souvent il commençait le matin vers 7 heures, juste parce qu'il voulait savoir comment ma nuit s'était passée, si j'avais rêvé de lui et surtout pour m'apporter des croissants de sa boulangerie pour mon petit déjeuner. Puis en fin d'après-midi, il passait pour savoir si j'étais disponible pour dîner. Quand je lui donnais mon accord, il venait me chercher le soir et bien souvent en compagnie d'Adèle (peut-être pour ne pas éveiller ses soupçons) et m'emmenait dans les plus beaux restos de la ville. Mais après la soirée, une fois qu'il l'avait raccompagnée chez elle, il repassait me voir pour me dire « bonne nuit ». Bien que je fusse flattée de faire l'objet d'autant d'attention, je me sentais gênée vis-à-vis d'Adèle. Je n'avais pas le courage de briser sa belle histoire d'amour.

Malgré ses errements, Paolo était vraiment amoureux d'elle. Tout le monde à Pointe Noire le savait et en parlait. Il disait à qui voulait l'entendre qu'il allait épouser Adèle et faire d'elle la femme la plus heureuse. Bien qu'il fût de 5 ans son cadet quand il se mit en tête de la séduire (il avait 17 ans et elle 22 ans quand ils se sont connus), Adèle disait qu'il était le seul garçon à lui manifester autant d'attention, de générosité et d'amour, contrairement à tous ceux qu'elle avait connus avant lui et qui étaient beaucoup plus âgés. Il faut dire que Paolo, du haut de ses 17 ans savait ce qu'il voulait et avait mis tous les moyens en œuvre pour la séduire. Bien que le plus jeune de tous ses frères, c'est lui qui gérait les caisses de l'affaire familiale. Il avait à sa disposition de grandes sommes d'argent et pouvait offrir à Adèle tout ce qu'elle désirait. Paolo était de ceux qui pensaient que l'argent pouvait tout acheter, surtout l'affection d'une femme et il avait raison. C'était (et c'est toujours) une idée très répandue dans la société africaine et relayée par les artistes à travers leurs chansons. Une idée à laquelle je n'adhérais pas du tout.

Certes, à l'époque, j'étais ce qu'on pourrait appeler une allumeuse. J'aimais bien laisser les hommes me faire la cour et les voir dépenser tout leur argent pour me séduire sans pour autant céder à leurs avances. Je fis la même chose avec Paolo, je repoussai ses avances tout en acceptant ses invitations. Mais il s'obstinait à me faire la cour. Il était persuadé qu'il finirait par m'avoir (comme il disait). Je ne voulais pas de lui, non seulement parce que je le trouvais un peu jeune pour moi (il avait 18 ans et j'en avais 23) mais aussi parce qu'il était avec Adèle. Par ailleurs, avec tout son argent je trouvais qu'il n'avait pas inventé le fil à couper le beurre. Il parlait d'une voix lente, zozotait et franchement en matière de conversation, ça ne volait pas haut. Il ne savait parler que d'argent et des filles qu'il collectionnait et pensait que je serai la suivante. Physiquement, ce n'était pas du tout mon genre. Il n'était pas très grand, à peine 1,73m. Il avait tendance à prendre du poids et avait les fesses plates de ces vieux blancs portugais dont on se moquait souvent mes cousines et moi quand nous étions enfants. Il avait certes un beau visage avec de beaux yeux marron clair du fait de son métissage, mais il n'avait vraiment rien de viril. De plus, son jeune âge n'arrangeait pas les choses. Je le trouvais très enfantin dans sa manière de se tenir (dos un peu vouté, épaules basses) et cette façon qu'il avait de zozoter ! Non, il n'était vraiment pas du tout mon genre.

Judith passait son temps à se moquer de lui et l'imitait quand il parlait. Paolo s'en fichait. Il savait que malgré tous ses défauts, il pouvait avoir toutes les filles qu'il voulait. Et c'était le cas. La preuve, Adèle qui avait le même âge que moi n'avait pas été gênée par cette différence d'âge et par ses défauts en matière de virilité. Elle avait opté pour le charme du portefeuille. Je ne voyais pas les choses de cette façon. J'avais mes propres critères de sélection. L'argent n'était pas pour moi primordial dans une relation. Je savais que j'étais capable d'en gagner par moi-même. Je n'avais donc pas besoin de choisir un homme sur cette base. Toutefois, je veillais quand même à ce que le garçon qui me plaisait fût de bonne famille.

La bonne éducation était primordiale à ce niveau. Je ne concevais pas d'être avec un homme qui ne savait pas se tenir en société et qui ne savait pas tenir une conversation rationnelle, cohérente et intelligible prouvant son niveau intellectuel. J'étais un peu élitiste, je l'avoue. C'est tout simplement que j'ai toujours redouté de m'ennuyer avec un homme qui n'avait rien dans le ciboulot. Je passais beaucoup de temps dans les livres et cette culture livresque me rendait de plus en plus exigeante dans le choix de mes partenaires. J'avais toujours privilégié l'échange, la communication plutôt que la soif de l'argent et du prestige comme la plupart des filles de mon pays. Et je ne voyais pas ce que j'aurai à échanger avec un garçon à peine sorti de l'adolescence et qui n'avait d'autres conversations que les potins de Pointe-Noire, les filles, la politique et le niveau de son compte en banque ! Des sujets qui pour moi étaient totalement inintéressants.

Paolo Pereira n'a par conséquent jamais réussi à faire de moi sa « petite amie bis » tout le temps que je suis restée à Pointe-Noire, même quand il me promettait monts et merveilles. La seule chose que je lui répondais, c'est qu'il était déjà avec Adèle et que je ne voulais pas créer d'histoires. Je savais qu'il était inutile de lui donner les raisons réelles de mon refus et même la plus valable d'entre elle (Adèle était ma cousine quand-même !) n'aurait eu aucun effet face à son obstination à vouloir m'ajouter à son tableau de chasse.

Les congolais en général s'en fichent de draguer les filles d'une même famille. Ils vont du principe que c'est à la fille de mettre des limites. Si elle est assez cupide et légère pour s'acoquiner avec le mari ou le petit ami de sa sœur, de sa cousine ou de sa meilleure amie, tant pis pour elle. L'homme congolais lui, il en profite. En ce qui le concerne, il s'agit d'un jeu de séduction. Il veut tester son pouvoir dans ce domaine, afin de s'en vanter plus tard devant ses copains. Soit il gagne, soit il perd. Toujours est-il, qu'il aura joué.

Paolo, lui avait perdu. J'avais quitté Pointe-Noire sans être tombée entre ses griffes. Et pourtant, il n'avait pas dit son dernier mot. Du moins le destin allait l'y aider.

∴

En ce printemps 2002, je reçus un coup de fil sur mon portable. C'était Paolo Pereira. Il voulait me rencontrer à tout prix. Au téléphone, il me dit que cela faisait plusieurs mois qu'il cherchait mon numéro de téléphone. Il était en France depuis quelque temps. Il avait décidé de s'y installer parce qu'il en avait marre de la situation au pays. Il fallait qu'on se voie. Je lui communiquais mon adresse sans me poser de question.

Nous étions au mois de mai, on sonna à ma porte, j'allais ouvrir et c'était Paolo. Toujours ce sourire niais collé à sa bouche. Je lui souris à mon tour et l'invita à entrer et à s'asseoir. Egal à lui-même, il recommença à déblatérer sur le fait que j'étais l'amour de sa vie, qu'il m'avait toujours aimée et qu'il voulait m'épouser. Il savait que j'étais toujours célibataire et qu'il était temps qu'on termine ce qu'on avait commencé 9 ans plus tôt. Cette façon directe qu'il avait de présenter les choses m'avait toujours fait rire chez lui en particulier, chez les congolais en général. C'était une attitude très typique de l'homme congolais. Quand une femme lui plaisait, il n'allait pas par 4 chemins. Il lui déclarait sa flamme directement sans lui laisser le temps de la réflexion et ensuite il se mettait à lui faire une cour assidue, de telle sorte d'occuper le terrain afin que personne d'autre ne vienne lui piquer sa place dans le cœur de la charmante demoiselle, objet de sa convoitise. Dès lors commençait une vraie parade amoureuse assortie d'invitations à dîner et de cadeaux jusqu'à ce que la fille cède à ses assauts. Une fois cette dernière conquise et qu'il avait couché avec elle, soit il était vraiment amoureux et une relation s'installait sur la durée (c'est ce qui s'était passé entre Adèle et Paolo une décennie plus tôt), soit c'était juste une conquête de plus, à ce moment, il passait à la suivante. Dans tous les cas, dès le départ, il annonçait les couleurs et mettait tous les moyens en jeu pour la séduire. Il ne perdait pas son temps à attendre de voir si la fille était vraiment intéressée. Lui, il était intéressé et c'est ce qui comptait. C'est tout. Le reste, il en faisait son affaire. C'était lui l'homme, pensait-il, c'était à lui de faire de sorte que la fille tombe sous son charme.

Et c'est ce que fit Paolo quand on se revit. Tout de suite il me dit qu'il voulait qu'on s'installe ensemble, qu'on se marie, qu'on fasse des enfants. Cela faisait à peine 5 minutes qu'on venait de se retrouver ! Je lui demandais ce qu'il avait fait d'Adèle, qu'était devenue leur relation ? J'avais appris qu'ils avaient eu une deuxième fille et qu'ils vivaient sous le même toit. Il me répondit que leur relation s'était terminée depuis longtemps et qu'il n'y avait plus rien entre eux. Le seul lien qui subsistait entre Adèle et lui, c'était l'amour qu'il avait pour ses filles. D'ailleurs, il voulait les faire venir en France et pensait que je serai une bonne mère pour elles. C'est pour cette raison qu'il tenait à me revoir, qu'on se marie et qu'on forme une belle famille recomposée avec notre futur bébé, un garçon cette fois-ci, me disait-il.

J'avais appris de mon côté qu'effectivement Adèle avait bel et bien rompu avec le père de ses enfants et avait un autre homme dans sa vie. Cet homme lui avait même trouvé un super job à l'aéroport de Pointe-Noire, ce qui lui permettait de mener une vie épanouissante avec ses deux filles. De son côté, Paolo avait vécu au Gabon pour fuir l'instabilité politique au Congo, et là-bas il s'était marié traditionnellement avec une jeune gabonaise. Il y avait vécu pendant 2 ans, avant de décider de s'installer en France. Sa relation avec sa femme gabonaise était définitivement terminée. Chacun d'eux avait refait sa vie. Il me raconta tout ceci le même jour. Je le crus sur parole.

En ce temps-là, j'étais très vulnérable, donc très naïve. Je venais de sortir d'une crise de dépression et Fred dont j'étais désormais la maîtresse, ne pouvait de toute façon pas m'épouser puisqu'il était déjà marié. Moi je n'avais qu'une seule envie ; me caser et faire un enfant. J'en avais assez de vivre toute seule. Je m'étais toujours dit que je préférais avoir un enfant dans le cadre sacré du mariage. Alors, si Paolo avait rompu avec Adèle depuis des années, il n'y avait donc aucun obstacle à ce que je m'installe dans une relation et que je me marie avec lui. Je m'en fichais qu'il ne fut ni intelligent, ni viril, je veux dire, tout ce que je lui reprochais des années auparavant pour repousser ses avances, n'avaient plus de raison d'être.

Les circonstances avaient changé. Nous n'étions plus au Congo, nous étions en France et les mentalités n'étaient plus les mêmes. De plus, tant d'années s'étaient écoulées et avec elles, mes exigences sur les critères de choix d'un partenaire, sans compter la dépression qui couvait toujours au fond de mon esprit. Ce n'était vraiment pas le moment de jouer les difficiles. J'avais 32 ans, pas marié et pas d'enfant et devant moi, il y avait un homme disponible qui ne demandait qu'à m'épouser et à me faire un enfant. Que demander de plus ? Je ne pensais plus aux considérations morales, du genre c'est l'ex-compagnon d'Adèle avec laquelle il avait deux enfants, et peut-être que je serai amenée à la rencontrer en compagnie de Paolo, qu'allais-je lui dire ? Franchement, je m'en fichais. Tout ce que je voulais, c'était avoir un bébé et régler mon problème de papiers.

Paolo étant portugais de nationalité, je pouvais régulariser ma situation en l'épousant. Le Portugal faisait partie de l'espace Schengen depuis peu. Donc cette union serait totalement bénéfique pour moi, tant du point de vue de mon statut légale en France et du point de vue de mon statut matrimoniale. Je ne serai plus une « vieille fille », je serai désormais Mme Pereira, « la femme de quelqu'un », pensai-je.

À l'époque, je pensais que d'être « la femme de quelqu'un » comme on disait chez nous, allait me rendre plus heureuse. Je croyais que je serais plus respectée par la famille et même par la société. Remplir un formulaire administratif où je cocherai en statut matrimoniale la case « marié » me réjouissait à un point ! J'imaginais que si j'étais aussi malheureuse dans ma vie, c'était parce que je n'avais ni mari, ni enfant et pas de papiers en France. Ce mariage en perspective avec Paolo allait m'apporter tout ce qui manquait à mon bonheur.

Mais je me trompais lourdement.

9

Depuis que nous avions abandonné cette idée absurde de n'être que de simples amis et de nous abandonner au feu de la passion qui nous dévorait depuis des années, Fred n'avait pris aucune précaution pour éviter d'être le géniteur de l'enfant que je désirais tant. Chaque fois que nous allions faire l'amour, je lui disais : « tu sais, nous allons peut-être donner un petit frère ou une petite sœur à Joël ». Et lui se contentait de me sourire et de m'embrasser tendrement. Une autre fois, je lui disais toute excitée après nos ébats « je sens que cette fois-ci, c'est la bonne ! ». Comme à son habitude, il ne disait rien et se contentait de me sourire affectueusement. À ses yeux, je semblais être une petite fille aussi délicieuse que fragile qu'il ne fallait pas contrarier. Alors il ne disait rien. Il était marié. Il se doutait bien que s'il avait un enfant dans le cadre d'une relation extraconjugal, cela allait faire voler en éclat son mariage avec Ruth. D'un autre côté, il savait que s'il me disait qu'il ne voulait pas me faire un enfant parce qu'il était marié, notre relation prendrait fin sur le champ et que je ne voudrais plus le voir. Je lui avais dit dès le départ que je voulais un enfant et qu'il fallait envisager l'hypothèse qu'il fût le père de ce bébé si on remettait le couvert. Il ne voulait pas du tout me perdre. Alors il se montrait prudent en ne disant rien. Pendant environ deux mois, nous avons partagé de beaux petits instants coquins en amoureux. Nous nous voyions une fois par semaine et pendant seulement deux heures. Pour moi, c'était les instants les plus merveilleux de la semaine et cela suffisait à me rendre heureuse tout le reste de la semaine. Je ne demandais rien de plus. J'avais conscience qu'il avait une famille et je respectais son désir de discrétion pour protéger sa famille.

Vers le mois de juin, mon idylle avec Fred devenait de plus en plus intense. En plus de nos rencontres hebdomadaires, il se débrouillait de plus en plus souvent pour passer du temps avec moi. Un après-midi par-ci, un après-midi par-là. Il nous est même arrivé de nous voir trois fois au cours de la même semaine. Pour moi c'était tout simplement extraordinaire. Soit il venait me voir à la maison, soit on se retrouvait dans un parc pour une ballade romantique qui se terminait souvent par des instants coquins, nichés dans un espace à l'abri des regards. Nous étions devenus maîtres dans l'art de dégotter des endroits cachés dans les parcs pour nous aimer tendrement. Plus d'une fois nous avons failli nous faire surprendre par des promeneurs. Cela ne faisait que renforcer notre désir mutuel d'offrir ce spectacle d'un amour sensuel à Dame Nature. J'adorais le fait de faire l'amour ailleurs que dans un lit. Je sentais que Fred s'attachait de plus en plus à moi. Il ne pouvait simplement plus se passer de moi. Il était peut-être marié à Ruth, mais toutes ses pensées étaient dirigées vers moi. Il m'appelait et m'écrivait tous les jours. Nous nous étions créés une adresse email rien que pour nous deux. C'était une adresse où seul lui m'écrivait et où lui seul recevait du courrier de cette adresse.

C'est dans ce climat romancé, doublé de sensualité avec l'homme de mes rêves que Paolo fit sa réapparition. À l'époque, j'étais très vulnérable. Je sortais d'une dépression dont je m'étais à peine remise. Je trouvais que ma vie n'avait pas de sens. J'avais dépassé les 31 ans, je n'avais pas de mari, pas d'enfant et je n'arrêtais d'enchaîner les relations foireuses. Le boulot que je faisais ne me plaisait pas du tout et il était très stressant. De plus, je n'avais plus de papiers. La préfecture avait opposé un refus à ma demande de renouvellement de titre de séjour parce que j'avais arrêté mes études pour travailler. Elle avait estimé que je n'avais plus de raison de demeurer en France et m'avait sommé de quitter le territoire deux ans plus tôt. Depuis, j'étais en situation irrégulière en France. Je pouvais me faire expulser à tout moment. Je vivais dans la peur constante. J'avais vraiment touché le fond.

Seule ma romance avec Fred me mettait un peu du baume au cœur. Avec lui, je me sentais tellement en sécurité que je ne craignais plus rien. Je lui avais dit que je voyais un psychiatre mais je ne lui avais pas expliqué les causes de mon état dépressif. Je ne voulais pas entacher notre belle histoire de ces soupçons qui pesaient sur toute personne « sans papiers » qui tombait amoureuse d'un français. Même s'il n'était pas blanc, Fred était français par sa mère. Et je ne voulais pas qu'il pense que je voulais un bébé avec lui juste pour régulariser ma situation. Je l'aimais et l'avais toujours aimé. C'était tout à fait normal que cet amour se cristallise par la naissance d'un enfant. Mon statut d'immigré sans papiers n'avait rien à voir là-dedans. Cependant, avec la grève des « sans papiers » au milieu des années 90 et les mariages blancs pour régulariser leur situation, les immigrés n'avaient plus le droit d'aimer librement les français. Ils étaient tout de suite taxés de n'en vouloir qu'à leurs papiers. C'est pour cette raison je n'avais pas jugé utile de me confier à Fred sur ce sujet.

J'avais encore en mémoire comment cette situation avait plombé ma relation précédente avec ce journaliste allemand, un an plus tôt. J'avais joué la carte de la sincérité en lui avouant que j'étais en situation irrégulière en France, mais que j'avais la chance d'occuper un emploi. J'avais perdu mon statut régulier en cours de contrat et mon employeur n'était pas au courant. Et je ne pense pas que ça aurait changé quoique ce soit si je le lui avais dit. Nous étions en 2000, j'étais nounou dans une famille très sympathique dans le 16e arrondissement de Paris. Je ne suis pas certaine que le couple qui m'employait aurait choisi de se séparer de moi, si je lui avais avoué que je n'avais plus de papiers. La dame aurait tout simplement ignoré le fait et m'aurait gardée comme si de rien n'était. Les nounous sérieuses ne couraient pas les rues, mieux valaient garder celle qu'on avait depuis des années. D'autant plus qu'il n'y avait à l'époque aucun recoupement entre la préfecture et l'Urssaf. Ceci dit, pour mon petit ami, le fait que j'étais en situation irrégulière l'inquiétait beaucoup. Il faisait de son mieux pour m'aider à trouver des solutions pour régulariser ma situation. Il cherchait des articles à ce sujet, se renseignait auprès de ses collègues journalistes. Au lieu d'apprécier cette attention à mon égard, mal dans ma peau, je l'accusais d'avoir honte de moi et lui flanquais que je n'avais pas besoin de sa pitié. Je pouvais me débrouiller toute seule. Et puis s'il m'aimait vraiment, il n'avait qu'à m'épouser.

Pourquoi il hésitait autant à sauter le pas ? Malheureusement les crises intempestives que je lui faisais à ce sujet, avaient fini par l'éloigner de moi. Et notre relation s'est terminée brusquement. Ce qui m'avait horriblement fait souffrir.

Alors pour éviter tout malentendu avec Fred, je n'avais pas jugé opportun de lui parler de mon statut. Je ne voulais ni semer le trouble dans son esprit, ni dans son cœur. Seule l'histoire que nous étions en train d'écrire ensemble avait de l'importance à mes yeux. En l'occurrence celui de notre bébé à venir.

Quant à Paolo, comme tout congolais qui se respecte quand il convoite une femme, il occupa très vite le terrain. Dès le moment qu'il comprit que je vivais toute seule dans mon studio, il ne me lâcha plus jamais. Il m'appelait tous les jours. Et même plusieurs fois par jour. Il venait chez moi tous les week-ends. Et quand je ne travaillais pas (à cause de mon état dépressif), il venait passer ses journées avec moi. Etant donné que nous nous connaissions depuis le Congo, je n'avais aucun scrupule à lui parler de mes problèmes existentiels. Nous étions du même pays, qui mieux que lui pouvait comprendre ce que je traversais comme difficultés. Quand je lui ai dit que je n'avais pas de papiers et que je risquais de perdre mon emploi à cause de ça, il m'a tout de suite demandé de l'épouser. Il m'a rappelé qu'il m'a toujours aimée et que c'était l'occasion pour nous d'être ensemble une fois pour toute. M'aider à régulariser ma situation, c'était la meilleure preuve d'amour qu'il pouvait me donner à moi qui l'avais toujours repoussé, croyant qu'il n'était pas sérieux. Je ne sais pas s'il était sincère, ce qui m'intéressait c'était de régulariser ma situation et surtout d'avoir un bébé. Je tenais là une occasion en or de réaliser mon rêve ; celui d'avoir un bébé dans le cadre sacré du mariage.

Il faut noter que même si j'aimais tendrement Fred, je restais lucide et pragmatique. Je ne perdais pas le nord. J'avais **31** ans et je voulais un bébé à tout prix. Fred semblait être le candidat idéal pour ce projet, parce que je l'aimais fortement et qu'il était beau comme un dieu. Pourtant il avait un sérieux handicap : il était marié !

Or j'avais là, un homme célibataire, jeune, peut-être pas aussi beau que l'élu de mon cœur, mais il n'était pas moche. Il n'avait rien d'un Apollon mais il ferait un bon mari et un bon père pour mon enfant. Je n'avais même pas à le supplier, il ne demandait qu'à m'épouser et fonder une famille. La célibataire de longue durée que j'étais, ne pouvait vraiment pas faire la fine bouche. La raison me soufflait de choisir Paolo et d'oublier Fred. Pourtant, je ne voulais pas non plus renoncer à Fred. C'était l'homme de ma vie, celui que j'aimais depuis toujours. Je l'avais dans la peau.

La vie est drôle parfois. Cela faisait des années que j'avais du mal à trouver un homme pour être le père de mon bébé. Voilà que je me retrouvais avec deux hommes tous deux prêts à satisfaire ce désir. Certes Fred ne m'avait pas ouvertement donné son accord quand je lui avais laissé entendre qu'il pourrait être le père de mon enfant, simplement son attitude ne laissait aucun doute quant à ses intentions. Il était prêt à prendre le risque de mettre son foyer en péril pour me faire un bébé et s'assurer de faire partie de ma vie à jamais.

Quand j'ai annoncé à Fred que j'avais retrouvé un ami de jeunesse qui était prêt à m'épouser. Il était heureux pour moi. Au moins Paolo allait faire de moi une dame respectable. Ceci dit, il n'avait pas l'intention de cesser de me voir parce que j'allais me fiancer. Il espérait qu'on continuerait à se voir comme si de rien n'était. Le fait que j'aie un autre homme que lui dans ma vie ne lui posait aucun problème, puisque lui-même était marié. Il serait mal venu de sa part de me reprocher d'être avec un autre.

C'est ainsi que je me retrouvais avec deux hommes dans ma vie. L'un était mon fiancé et l'autre était mon amant puisque j'étais sa maîtresse depuis le début.

En effet, peu après nos retrouvailles Paolo s'est installé chez moi dans mon studio. Il m'avait raconté qu'il préférait être près de moi. Et puis, comme nous allions nous marier le plus vite possible pour régulariser mes papiers, mieux valait pour l'enquête de proximité qu'on nous voie vivant sous le même toit dès le départ. Et comme je n'avais pas l'intention de déménager pour vivre avec lui à Paris où il partageait un studio avec ses frères, c'était lui qui avait emménagé chez moi. J'avais entrepris toutes les démarches auprès de la mairie pour nos fiançailles, il nous restait plus qu'à fixer une date de mariage après avoir complété le dossier prénuptial. Nous étions immédiatement devenus un couple avec ce que ça impliquait comme contraintes. Je n'étais plus libre de voir Fred comme avant et lui ne pouvait plus m'appeler n'importe quand. Paolo en fiancé jaloux, surveillait tous mes faits et gestes. Les seuls moments où je pouvais communiquer tranquillement avec Fred, c'était par mail quand j'étais au travail.

Comme Paolo ne travaillait pas, il restait à la maison quand j'allais travailler. Il me faisait croire qu'il faisait des affaires avec des amis. Et moi qui avais connu le Paolo homme d'affaires au Congo, j'étais persuadée que c'était vrai. Sauf que quelque chose m'intriguait. C'est qu'il était souvent fauché. Cela ne lui ressemblait pas de manquer d'argent. Il me demandait souvent de lui prêter des sous quand il sortait faire un tour avec ses copains. Il me remboursait toujours, bien sûr ! Car il ne voulait pas que je le prenne pour un homme entretenu. Même si je trouvais que la situation était bizarre cela ne m'inquiétait pas outre mesure. Surtout que dès qu'il avait une entrée d'argent, il en profitait pour faire les courses et me rappelait que c'était son rôle d'homme de veiller à ce qu'il ne manque jamais de nourriture dans le frigo. C'est ce que j'appréciais chez lui ; sa générosité envers la femme qu'il aimait. Il était prêt à vider son portefeuille pour assurer la sécurité financière de sa dulcinée.

Quand j'y pense, ce garçon non seulement m'aimait, mais il avait aussi beaucoup d'admiration pour moi. Il respectait le fait que je sois une femme indépendante financièrement. Toutefois, je remarquais un côté dominateur chez lui. Il voulait jouer les hommes machos. Du genre même s'il ne travaillait pas et que je le laissais à la maison quand j'allais travailler, quand je rentrais le soir le studio n'était pas rangé et il fallait encore que ce soit moi qui me tape la cuisine. Ce que je n'appréciais que très moyennement. Et je ne me gênais pas pour le lui faire remarquer. Je lui rappelais que nous vivions en France et non au Congo et qu'ici, les hommes aussi devaient mettre la main à la pâte en ce qui concerne les corvées domestiques. Apparemment il attendait juste que je lui remette les pendules à l'heure pour qu'il s'exécute. Il tenait trop au confort du foyer agréable que représentait la vie dans mon studio plutôt que la vie à 5 dans le miteux studio qu'il partageait avec ses copains dans le 15è. Mais orgueilleux comme il était, il ne voulait pas le reconnaître. Il me faisait croire que c'était par amour et pour faciliter les démarches de notre mariage qu'il s'était installé aussi vite chez moi. Mais je n'étais pas dupe.

La vie de couple n'était pas de tout repos. Paolo et moi étions vraiment différents. Autant j'étais une fille cultivée et distinguée dans ma façon d'être en société, autant il était terre à terre et un peu grossier dans son langage. Autant j'étais casanière autant Paolo aimait s'entourer d'une bande de copains qu'il invitait à la maison et cela m'exaspérait. Et comme il me respectait beaucoup, il avait pris le parti de rencontrer ses amis dehors. Le seul inconvénient, c'est qu'il passait désormais tout son temps dehors rentrant très tard le soir, vers minuit ou 2h du matin. Un vrai congolais ! Un jour que j'en avais assez, je l'ai laissé dormir dehors. Il avait beau frapper à la porte pour que j'ouvre, je refusais d'ouvrir. Le lendemain, il me reprocha de l'avoir obligé à aller louer une chambre d'hôtel alors qu'il aurait pu économiser cet argent pour acheter ce qui manquait à la maison. C'était du tout Paolo ça ! Il faisait les choses de travers et c'était ma faute.

Notre relation de couple était très chaotique, parsemée de disputes et de réconciliations. Pourtant, cela ne faisait que quelques semaines que nous vivions ensemble. Notre dossier de mariage traînait en longueur. L'ambassade du Portugal était très longue à produire les documents permettant le mariage. Je commençais à le soupçonner de ne pas vouloir se marier et de me faire perdre mon temps. Je lui fis remarquer qu'il disait vouloir m'épouser, mais il n'avait même pas écrit à mon père pour lui demander ma main alors qu'il avait promis de le faire. Je le disais pour le taquiner. À vrai dire, je m'en fichais. Tout ce qui m'intéressait c'était de régulariser ma situation. Que ce mariage soit reconnu ou pas par la famille m'importait peu.

Celui que j'aimais c'était Fred. Paolo n'était là que pour l'étiquette de femme marié. C'était l'homme de la situation. Je pensais que ça ferait de moi une femme respectable aux yeux de la famille. Même si Paolo avait été avec Adèle et avait deux enfants avec elle, je n'avais aucune culpabilité vis-à-vis de cela, pour moi c'était une chose très courante dans les familles. J'avais souvent entendu des histoires d'hommes qui avaient eu des enfants avec les filles d'une même famille sans que ça porte à conséquences. En l'occurrence, je ne lui piquais pas son mari. Adèle avait refait sa vie et Paolo aussi avait eu d'autres relations plus ou moins sérieuses après leur rupture. Donc pour moi il n'y avait pas de problème.

Néanmoins, cette histoire gênait sérieusement ma jeune cousine Odile qui tenait aux liens familiaux et à la bonne entente entre ses membres. Venant de Pointe-Noire, elle semblait tout savoir de la relation de Paolo et Adèle. Selon ses dires, Paolo et Adèle tournait un vrai feuilleton à rebondissement. Ils passaient leur temps à rompre pendant des années et à se rabibocher. Et elle était certaine que quoi qu'il en dise, il allait tôt ou tard encore se remettre avec elle. Je faisais une énorme erreur en voulant me marier avec lui, même si c'était pour les papiers. Ce qui, soit dit en passant, était exact puisqu'à ce jour après 20 ans de relation à rebondissement, Paolo et Adèle se sont enfin mariés et ont célébré leur mariage en présence de toute la famille avec la bénédiction de mon père qui aujourd'hui est le chef de famille.

À l'époque, je ne prêtais aucune attention à la mise en garde d'Odile. De toute façon, si les choses se passaient mal avec Paolo, j'avais toujours Fred que je voyais en cachette. Paolo était un homme jaloux, mais il respectait ma liberté d'aller où je voulais et même de sortir en boîte avec mes sœurs sans lui. Je me souviens de la fois où il a même payé une de mes sorties en soirée avec ma sœur Emilie et ma cousine Sophie sans qu'il soit de la partie. Même s'il se sentait inquiet que mes sœurs soient accompagnées de leurs compagnons respectifs, il m'avait laissée partir. C'est lui qui n'avait pas voulu s'associer à nous parce qu'il n'était proche ni de ma sœur ni de ma cousine. Il ne se sentirait pas à sa place, me dit-il. C''était un garçon réservé quand il n'était pas avec les siens.

Ainsi il me laissait souvent sortir seule, si j'en avais envie. Tout ce qu'il voulait, c'est que je lui dise où j'étais et avec qui. Comme je mentais mal, il se disait que je n'allais pas prendre le risque de le tromper, il le saurait. C'était mal me connaître. Il m'en faisait tellement baver avec ses sorties tardives que je ne pensais qu'à me venger et c'est comme ça que j'ai appris à mentir. Même si j'ai manqué plus d'une fois de me faire attraper. Mais avec lui, j'étais à bonne école. J'avais remarqué qu'il me cachait beaucoup de choses, qu'il avait des secrets et quand j'insistais pour savoir de quoi il s'agissait, ça tournait à la dispute alors je préférais battre en retraite. J'avais donc appris à faire pareil. Quand Fred m'appelait intempestivement et qu'il était là, il me fallait vite trouver une parade. Et quand Paolo insistait pour savoir qui m'appelait, je m'énervais contre lui et il arrêtait net. À ce jeu-là, j'utilisais les mêmes armes que lui, c'est-à-dire, attaquer pour mieux se défendre.

Il faut dire que Fred de son côté devenait de plus en plus amoureux et entreprenant. Il avait peur que je le laisse tomber pour me consacrer à mon fiancé, car je le lui avais laissé entendre plus d'une fois. Comme Paolo surveillait mes sorties sans oser toutefois me les interdire, ça commençait à m'embêter de devoir lui mentir à chaque fois que je devais retrouver Fred. Je culpabilisais de le tromper. Je me disais que je n'allais pas être ce genre de femme qui trompe son mari. Un jour j'ai dit à Fred que le jour où je marierai pour de bon avec Paolo, j'arrêterai net de le voir. Pour moi le mariage était sacré, et comme je n'avais l'intention de me marier qu'une fois dans ma vie, fût-ce un mariage de raison, je voulais me consacrer entièrement à mon mari. Je ne voulais pas que les histoires d'adultère viennent compliquer la vie du foyer que j'allais fonder avec mon futur mari. Même s'il comprenait, je voyais à son expression que ça lui fondait le cœur, à l'idée de ne plus jamais me voir. Il m'est parfois arrivé d'annuler nos rendez-vous qui étaient déjà assez rare, pour rester avec Paolo. Cela le rendait littéralement malade. Lui qui, d'habitude, était très prudent et très discret, commençait à prendre des risques, en m'appelant à des heures où je savais pertinemment qu'en temps normal il ne l'aurait pas fait puisqu'il était censé être avec sa famille (vers 20h). Moi aussi de mon côté, j'étais avec mon fiancé avec lequel j'allais certainement fonder ma famille. Paolo et moi nous devenions de plus en plus proches même si des tensions persistaient entre nous. Apparemment c'était notre mode de fonctionnement. Je provoquais une dispute ou c'était lui puis on se réconciliait sur l'oreiller comme un vieux couple. Nous voulions faire un bébé. Il me disait qu'il serait l'homme le plus heureux si je pouvais lui donner un garçon car il avait déjà deux filles. Et moi je m'imaginais voler la vedette à Adèle avec mon garçon. J'allais non seulement être madame Paolo Pereira mais en plus j'allais élever ses enfants et en plus lui donner un petit garçon. En effet, Paolo parlait de faire venir ses filles et il me disait que notre mariage allait faciliter leur venue. Raison de plus d'y croire. Moi qui ai toujours aimé les enfants, je serai ravie d'être leur maman. J'avais vu leur photo, elles étaient à croquer. Tous ces projets faisaient que je me rapprochais de plus en plus dans mon cœur de Paolo.

Fred demeurait l'homme que j'aimais mais cette future famille à construire était pour le moment la chose la plus importante à mes yeux. Tant pis pour Fred, il n'avait qu'à être libre et c'est lui que j'aurai choisi. Mais ce n'était pas le cas. La raison me commandait de choisir la vie familiale plus tôt que la vie de la maîtresse esseulée attendant son amant. Il devenait de plus en plus clair dans mon esprit que la sécurité d'un foyer conjugale, fut-il chaotique, valait mieux que l'amour passionnel que je nourrissais pour Fred. C'était sans compter sur les caprices du destin.

En effet, le fait que Paolo soit portugais ne facilitait pas mon projet de mariage de raison pour régulariser ma situation. Il semble que la vie ne voulait pas que je me marie par dépit ou pour une autre raison que l'Amour. Apparemment, seul l'Amour devait être ma ligne de conduite pour avoir les choses que voulais. Ce mariage de raison que je voulais faire avec Paolo n'était pas le premier que je tentais pour régulariser ma situation. Le journaliste allemand avait lui aussi cédé à l'envie de convoler avec moi pour me sortir de l'illégalité. Mais les choses n'avaient pas pu se faire car des problèmes sexuels associés à mes crises existentielles avaient fini par avoir raison de notre relation.

La rupture m'avait plongée dans une grande dépression. Même si je n'étais pas vraiment amoureuse de ce garçon, je voyais mes espoirs de me caser et de fonder une famille s'envoler en même temps que celui de régulariser ma situation. C'est pourquoi quand Paolo m'a proposé de l'épouser, j'ai sauté sur l'occasion. Je pensais que c'était mon ultime chance, d'être mère et épouse, en plus de voir ma situation régularisée.

10

Paolo avait fait sa réapparition dans des circonstances troubles de ma vie professionnelle et m'avait proposé de l'épouser. Ça tombait bien. Sachant qu'il était portugais, le Portugal étant un pays membre de l'union européenne, je pourrai régulariser ma situation (même s'il fallait passer par l'ambassade du Portugal). Du moins je ne risquerais plus d'être expulsée. Même si je trouvais cette idée de se marier aussi rapidement après nos retrouvailles un peu farfelues, j'acceptais sa proposition. C'était la seule solution dans l'immédiat pour avoir des papiers. Par contre, c'est Fred que j'aimais, mais il était déjà marié et ce n'est pas lui qui allait régler mon problème de papiers. De plus il l'ignorait. Je me suis laissée embarquée dans cette aventure de mariage de raison avec Paolo, mais toute mon attention était dirigée vers Fred et notre projet de bébé.

D'ailleurs, avec le retour de Paolo dans ma vie, Fred était encore plus motivé d'avoir un bébé avec moi. Tous les mois, il était à l'affût et voulait savoir si j'avais eu mes règles et quand je lui répondais que c'était le cas, il avait l'air aussi déçu que moi. Peut-être avait-il peur de me perdre si je me mariais et m'attachais à mon mari. Paolo s'était installé chez moi et nous vivions une vraie vie de couple. À cause de cette situation maritale, j'avais évoqué l'hypothèse d'une rupture avec Fred. Je lui avais dit un jour que si les choses se passaient bien avec Paolo et qu'on se mariait, j'arrêterais de le voir pour la simple raison que je ne voudrais pas tromper mon mari même pour ses beaux yeux. Pour moi le mariage était sacré, il fallait en respecter les règles. Cette idée l'avait visiblement effrayé. Je crois qu'il ne pensait pas que je puisse être ce genre de femme fidèle à son mari alors que j'avais une double relation. Je lui expliquais que c'était une situation intermédiaire. Lui-même à une époque avait dû choisir entre Ruth et moi. Il réalisait à quel point j'étais sérieuse, c'est pour cette raison qu'il désirait désormais ce bébé avec moi. Au moins, il ne me perdrait pas totalement si je décidais de rompre. Il y avait toujours la possibilité que j'accepte de le rencontrer si j'avais un bébé avec lui, même si je lui donnais pour père mon futur mari.

Aujourd'hui quand j'y pense, je me dis que j'étais vraiment tordue comme fille. Mon esprit devait être vraiment très torturé pour concevoir un plan aussi machiavélique. Avoir un enfant avec un homme pour le donner à un autre en lui faisant croire que c'était le sien, et cela sans état d'âme, relevait d'un cynisme sans borne. C'était non seulement injuste pour l'enfant à venir mais aussi pour l'homme qui lui servirait de père. Heureusement que les choses ne se sont pas passées ainsi. Certainement, mon bébé n'a pas voulu venir dans ces circonstances ambigües. En effet, même si tous les mois nous essayions d'avoir un bébé Fred et moi, rien n'y faisait. Je ne tombais pas enceinte. De même avec Paolo non plus, rien n'y faisait. Ni l'un ni l'autre n'était parvenu à concevoir un bébé avec moi. Pour cause, ce n'était pas un climat affectueux équilibré pour la venue d'un enfant. Nous formions quand-même un ménage à quatre, Fred, Ruth, Paolo et moi. Seuls Ruth et Paolo n'étaient pas au courant de ce qui se tramait dans leur dos. C'était tant mieux que je ne sois pas tombée enceinte à ce moment-là. Je n'aurai pas su personnellement qui était le père entre Paolo et Fred. Tous les deux étaient métis et avaient la peau très claire. Peut-être au niveau de la ressemblance j'aurai pu savoir. Mais il y a des enfants qui naissent sans ne ressembler à aucun des parents. Il y a ceux qui ressemblent plus à la mère qu'au père et vice versa. On dit que les mères savent toujours qui est le père (c'est normal elles sont les seules à savoir avec qui elles ont couché) mais déterminer avec exactitude le géniteur dans ce cas de figure aurait été pour moi un vrai casse-tête chinois, sur le moment. Comment savoir qui est le vrai père quand dans la même journée on a copulé avec deux hommes différents et qu'on se retrouve enceinte. J'ai récemment vu le film *Bridget Jones baby*, j'aurai pu me retrouver dans la même situation au début de ma grossesse à me demander qui de mes deux partenaires était le père de l'enfant, mon fiancé ou mon amant ? Je ne pense pas que ce soit possible de savoir avant la naissance de l'enfant. Même si on s'imagine que le père serait le premier avec lequel on a couché dans la journée, c'est peut-être faux. À ce moment-là peut-être qu'il n'y a pas eu fécondation. Avec le deuxième homme de la journée la même question se pose. La fécondation a peut-être eu lieu avant ? On ne peut pas vraiment savoir, sauf de faire un test de paternité après la naissance du bébé. Ce qui veut dire neuf mois d'angoisse !

Non je ne devais vraiment pas être dans mon élément pour concevoir ce genre de plan pour mon futur bébé. Dieu merci, ce dernier n'a jamais voulu se manifester à ce moment-là. Et c'était tant mieux pour tout le monde. J'imagine les complications avec la famille si j'avais eu cet enfant pendant que j'étais avec Paolo. Je pense que du monde des bébés où il était, Taliane avait dû se dire : « pas question que j'y aille, la situation est trop compliquée, ma mère je ne sais pas ce qu'elle fabrique avec mon père mais je ne vais pas me présenter dans ces conditions ! Non, je crois que je vais attendre tranquillement qu'elle se décide de faire le ménage et qu'avec mon père, ils se retrouvent au calme ». Il avait raison. Ce n'est qu'une fois séparée de Paolo que Fred et moi nous sommes retrouvés dans notre relation passionnelle, et que par la suite je suis tombée enceinte. J'ai toujours dit à Fred que cet enfant nous avait choisis comme parents. Il a préféré l'amour que je partageais avec Fred à la sécurité d'un foyer sans amour avec Paolo pour pointer le bout de son nez. Comme quoi l'amour est plus fort que tout.

∴

Fred et moi vivions une vraie passion amoureuse. Je le voyais une fois par semaine, souvent le lundi. Je l'attendais à la gare de Bussy Saint Georges à l'heure du déjeuner. Il me retrouvait quelques minutes plus tard. Nous achetions des sandwiches dans un snack des environs, puis nous allions dans un parc pour déjeuner et nous aimer à l'abri des regards.

J'aimais beaucoup nos moments d'intimité. Je les considérais comme des instants volés à sa femme et je savourais le gout du fruit interdit que cela représentait, sans le considérer comme un péché. À l'époque, je priais déjà beaucoup et parfois il m'arrivait de m'arrêter dans une église pour prier en attendant l'heure de notre rendez-vous avec Fred. Je demandais au Seigneur de me laisser concevoir mon bébé avec cet homme que j'aimais de tout mon cœur et je lui rappelais que cet enfant ne serait pas un enfant du péché mais un enfant de l'amour. Je ne me sentais aucunement coupable devant Dieu du fait que Fred était marié. Il était vraiment mon modèle de l'homme parfait. Il était beau, bien bâti physiquement, certes qu'il faisait à peine 1,76m mais il était bien proportionné et surtout bien musclé naturellement. Il avait cette carrure qu'on reconnaissait à la plupart des ouest-africains, un corps trapu sans être gros (peut-être du fait de leur alimentation à base de féculent à tous les repas). Il avait cette assurance qu'ont les hommes qui se savent beaux mais par fausse humilité, il se sentait gêné quand on lui faisait un compliment. Il était cultivé et comme moi aimait lire tout ce qui pouvait lui tomber dans les mains, à condition que ce soit bien écrit. Nous avions presque les mêmes goûts littéraires. Comme moi, il avait lu la plupart des romans de Stephen King, le journal de Bridget Jones et quelques romans d'Agatha Christie. Il se moquait gentiment de moi en me comparant à Bridget Jones. Il est vrai que je me sentais comme elle avant de renouer avec Fred. C'est pour cette raison que je me suis accroché à ce désir de bébé, au moins je ne craindrai plus de mourir seule dans mon studio.

Fred était mon homme idéal et je regrettais qu'il fût marié. Cependant, j'allais profiter de cette idylle pour cristalliser cet amour en faisant un bébé. Lui aussi était heureux à l'idée d'avoir un bébé avec moi, il y voyait le moyen d'être mon amant pour toujours. Il me disait que si nous étions au Ghana, je serai sa deuxième épouse. Il m'aimait vraiment (du moins je le croyais), toutefois il ne voulait pas détruire ce qu'il avait construit avec sa femme, ce que je comprenais parfaitement et je ne l'en aimais que davantage pour sa franchise et son honnêteté. Je me disais que Ruth avait beaucoup de chance de l'avoir. Je m'imaginais de l'autre côté de la barrière à la place de Ruth, je lui ferai totalement confiance parce que quoi qu'il arrive, il mettrait toujours notre famille à la première place. C'était vraiment un homme merveilleux. C'est pour cette raison que je voulais un enfant de lui. Je voulais faire partie de sa vie pour toujours.

11

Mon employeur qui s'était rendu compte que je n'avais pas de titre de séjour valide, menaçait de me licencier. C'est pour éviter de perdre mon emploi, que mon psychiatre m'avait signé un arrêt maladie pour dépression le temps que je trouve une solution à ce problème de papiers. La proposition de Paolo de m'épouser le plus vite possible tombait à pic et allait me faciliter la vie. Ce que j'ignorais c'est qu'il avait une idée derrière la tête. Ce n'était pas pour me rendre service qu'il voulait qu'on se marie aussi rapidement mais pour trouver un toit. Le studio qu'il partageait avec ses frères était trop petit et il ne s'y sentait pas à l'aise. Il s'était mis en tête de trouver une copine qui avait son propre appartement (une bonne poire, je dirais) où il allait squatter un bout de temps, en attendant de trouver un moyen qui lui permettrait de faire venir ses enfants en France et profiter au maximum du Système. Il m'avait confié son intention de réunir sa famille et cela ne me posait aucun problème. Ce qui lui manquait, c'était un logement adéquat. Notre mariage était pour lui une opportunité. Nous pourrions déménager dans un logement plus grand. Avec mon CDI, les choses iraient beaucoup plus vite vu que les organismes de logements sociaux demandaient des garanties. Ses filles pourraient venir. Etant donné leur jeune âge (5 et 9ans) nous pourrions toucher les allocations familiales. C'était son plan.

Pour le mettre à exécution, il a commencé par me convaincre de prendre un crédit alors que cela faisait à peine un mois que nous avions emménagé ensemble. Il m'a fait croire que c'était pour monter une affaire d'exportation de pneus entre le Congo et la France. Face à mon hésitation, il a joué la carte de la solidarité dans le couple. Comme quoi il était mon futur mari et ce qu'il mettait en place ce n'était pas que pour lui qu'il le faisait mais pour nous deux, pour assurer notre avenir. Malgré ses arguments, j'hésitais à m'engager dans un crédit pour une affaire dont je ne n'avais aucune garantie qu'elle aboutirait. Et puis, je n'avais jamais pris de crédit de ma vie, je trouvais la chose trop risquée. Devinant ma réticence, il s'est posé en victime de mon manque de soutien et d'amour. Selon lui, si je refusais de prendre ce crédit, c'était parce qu'au fond je ne l'aimais pas et que je ne voulais pas bâtir mon avenir avec lui. Sinon pourquoi je refuserais ? Après tout, nous allons quand même nous marier, et une femme aimante se doit de faire confiance à son futur mari.

C'était une période où, comme je l'ai dit tantôt, j'étais très vulnérable face à ce discours culpabilisant. Même s'il avait raison sur le fait que je ne l'aimais pas vraiment (ce que je me gardais bien de lui dire), j'avais néanmoins envie de tenter l'aventure du mariage avec lui. J'étais persuadée que ça pouvait fonctionner entre nous puisque nous avions les mêmes désirs, à savoir fonder une famille et faire des affaires ensemble (du moins c'est ce que je croyais). En plus nous étions du même pays, avions la même culture, donc c'était plus facile de bâtir un couple solide dans ces conditions qu'avec quelqu'un d'un autre pays, à l'instar de ceux que j'avais connus jusque-là. J'ai fini par céder et j'ai pris un crédit à la banque. J'avais un contrat en CDI et j'avais mis de l'argent de côté. Pour la banque j'étais un candidat idéal. Le crédit m'a été accordé de suite. J'ai obtenu un crédit de 4600 euros. Ce n'était pas suffisant pour Paolo, il avait besoin de 6000 euros. Il m'a persuadée de lui prêter le peu d'argent que j'avais mis de côté. Cet argent, je le mettais de côté car je préconisais de faire venir ma mère en France pour la soigner. Il m'a fait comprendre qu'avec l'argent que son affaire allait lui rapporter, je n'aurai plus à m'inquiéter pour ma mère, qu'il s'occuperait de tout. Après tout, n'est-ce pas le rôle d'un mari ?

À l'époque j'étais loin de me douter que mon argent allait surtout servir à faire venir ses filles et peut-être aussi leur mère, Adèle. J'ai cédé. Je lui ai donné toutes mes économies, plus l'emprunt que j'avais fait à la banque.

Toujours est-il que dès le moment où je lui ai donné cet argent, je me suis aussitôt rendu compte de mon erreur. Dès le lendemain, j'ai surpris une conversation téléphonique entre lui et Adèle concernant la somme d'argent qu'il venait de lui envoyer pour le voyage des enfants. Il la mettait en garde de ne pas en user abusivement pour ses propres besoins, car il ne pourrait pas lui en envoyer plus. Quand il a raccroché, je lui ai dit que j'espérais bien que l'argent dont il était question n'était pas ce que je lui avais donné. Il a souri bêtement comme il savait le faire quand il était pris sur le fait, tout en niant les faits. Mais mon instinct me disait qu'il s'agissait bien de mon argent et que je m'étais bien fait avoir.

Face à mes soupçons, pour me prouver sa bonne foi, le mois suivant il m'a donné l'argent pour que je rembourse la première mensualité du crédit. Ce seul geste réussit à calmer mes soupçons et nous n'avons plus jamais parlé de ce crédit sachant qu'il rembourserait comme promis les mensualités. C'est la seule mensualité qu'il aura jamais versé jusqu'à notre rupture.

Entretemps, notre relation n'en demeurait pas moins chaotique. Quand je le menaçais de rompre, il me brandissait le crédit à rembourser. Je me sentais piégée. Un jour il a même menacé d'aller me dénoncer à la police que je n'avais pas de papiers si je continuais à lui faire des scènes de ménages. Je me sentais vraiment impuissante. J'en étais arrivée à un point où je ne pouvais qu'accepter la situation et voir venir les choses. Seule la présence de Fred me réconfortait. Je me confiais à lui sans pour autant évoquer le fait que j'étais en situation irrégulière. Les sans-papiers avaient tellement mauvaise presse en ce temps-là que je n'avais pas envie que Fred ait une mauvaise image de moi. Pour l'instant, il me voyait déjà comme une victime courageuse d'un homme irresponsable. Il voulait me rassurer et me montrer qu'il était présent. Même si sa présence se manifestait beaucoup plus par mail que physiquement, cela me suffisait. Si je lui avais dit que j'étais sans papiers, il aurait eu pitié de moi et cette idée m'était insupportable.

Paolo sortait tous les soirs avec ses copains et rentrait tard et ivre de surcroit. Un jour, il était tellement ivre que je l'ai chassé de mon lit et lui ai demandé de dormir par terre.

Comme il refusait, je me suis levée et je l'ai tiré par les bras comme un sac de patates, pour le mettre par terre. Il était tellement saoul qu'il n'avait pas la force de se défendre. Il était hors de question de supporter son haleine avinée et ses ronflements bruyants d'ivrogne près de moi. Quelques minutes après qu'il se fût retrouvé à ronfler à même le sol, je l'entendis éclater en sanglots. Il pleurait toutes les larmes de son corps, une vraie madeleine, ma parole ! Je croyais rêver. Stupéfaite, je me suis réveillée et je lui ai demandé ce qui n'allait pas. J'étais partagée entre un sentiment de colère, de mépris et de compassion. Il n'arrivait pas à parler tellement il pleurait. C'est à ce moment précis, pendant que je le regardais pleurer comme un enfant que j'ai compris que je m'étais trompée sur toute la ligne à son sujet. Ce n'était plus le Paolo de mes souvenirs. Celui qui était sûr de lui et savait s'y prendre avec les femmes. Le garçon que j'avais en face de moi n'était que l'ombre de lui-même, se demandant comment il en était arrivé là. Lui qui avait tout eu dans sa vie. J'ai réalisé qu'il avait un secret trop lourd à porter qu'il essayait de noyer dans l'alcool. Malheureusement, il ne supportait pas l'alcool. L'instant d'après, il se tordait de douleur dans tous les sens. J'ai pris peur alors j'ai voulu appeler les pompiers. Il m'a supplié comme un enfant de ne pas appeler les pompiers. J'ai dû appeler un médecin de nuit. Il est intervenu environ une demi-heure après. Il lui a fait une injection de calmant et lui a conseillé d'aller voir un médecin dès le lendemain. Naturellement, c'est moi qui ai encore dû sortir mon chéquier pour régler la note, car évidemment monsieur n'avait rien en poche.

Le lendemain, comme à son habitude, il a fait comme si de rien n'était, jouant les males dominants. Paolo pour moi, à ce moment-là, il était ce qu'on appelle au Congo « Mario ». C'est-à-dire un homme qui vit au crochet d'une femme. Autrement dit un gigolo. Quand je le taquinais à ce sujet, il me faisait comprendre que nous étions un couple et que ce qui était à moi était aussi à lui. Mais je sentais bien que ça le gênait que je le traite de « Mario » parce que je l'avais connu dans ses moments de gloire. Il aimait à me le rappeler tout en me faisant croire que ce moment n'était que temporaire parce qu'il allait bientôt se remettre en selle grâce à ses « affaires ». Et pour me prouver qu'il jouait quand même son rôle d'homme, dès qu'il avait un peu d'argent venant de je ne sais quelle dette que quelqu'un lui avait remboursé, il s'empressait de faire les courses pour remplir le frigo. Ce que je reconnais, il me remplissait de bonheur. Car je ne me voyais pas entretenir un homme et je ne me gênais pas pour le lui dire. Ces petits moments d'échanges entre taquineries et disputes faisaient notre quotidien. Toutefois, nous n'arrivions pas à avancer dans notre projet familial. Les démarches à l'ambassade tiraient en longueur, je n'étais toujours pas enceinte. À côté de cela, il continuait à se conduire comme un idiot, sortant tous les soirs avec ses copains me laissant toute seule. Je commençais sérieusement à penser à rompre. Malgré ma situation, je préférais prendre le risque de me retrouver seule et chercher une autre solution pour régulariser ma situation plutôt que continuer à vivre ainsi. Je me fichais du crédit, je me débrouillerais pour le rembourser toute seule.

Un jour, c'était à la fin du mois de juillet, mes parents nous ont annoncé à mes sœurs et à moi qu'ils allaient bientôt arriver. Ma sœur Emilie et moi réfléchissions à la façon dont nous allions les loger. Comme elle venait juste de s'installer avec son petit ami dans leur appartement près de chez moi, je pensais que pour le confort des parents, ce ne serait pas une bonne idée de les installer chez elle. Je lui ai proposé de les accueillir dans mon studio et que moi je dorme au salon chez elle. C'est ainsi que j'ai profité de cette occasion de me séparer de Paolo.

Je lui annonçai que mes parents devaient arriver et qu'il fallait qu'il s'en aille, car j'avais l'intention de leur céder mon studio pendant toute la durée de leur séjour. Je lui ai dit que c'était juste pour le mois d'août, le temps que les parents passent leurs vacances. Je l'ai même aidé à faire sa valise et j'ai même veillé à ce qu'il ne manque de rien. Je lui ai donné une de mes plus belles serviettes de bain, car je savais que là où il allait chez ses copains ce serait un peu le « Texas » comme disaient mes frères. Pour Paolo, j'étais presque comme une mère, c'est pourquoi malgré toutes ses frasques, il tenait à moi. Je crois qu'au-delà de sa cupidité et de sa duplicité, ce garçon tenait à moi. Je ne sais pas si je peux appeler cela de l'amour. Tout ce que je sais, c'est qu'il faisait de son mieux pour être à la hauteur de ce que j'attendais de lui. Apparemment sans vraiment réussir car nous n'avions rien en commun. Je savais pertinemment que l'arrivée de mes parents était l'occasion que j'attendais pour me séparer définitivement de lui. J'avais décidé qu'après le départ des parents, je ne le laisserai pas revenir chez moi.

J'aimais Fred et j'avais bien l'intention de profiter de ces vacances pour consolider ma relation avec lui. Même si avec lui, je serai juste la femme de l'ombre. Cela m'était égal. J'étais contente de ne plus avoir à trouver d'excuses pour me retrouver avec lui. Et puis, je me sentais tellement bien que je voulais que ce soit lui le père de mon enfant.

Quand après le départ de mes parents, en fin septembre, Paolo est revenu à la charge, je lui ai fait comprendre que c'était fini. Que je ne voulais plus me marier. Il m'a menacé de ne pas rembourser le crédit. Je lui ai répondu que cela m'était égal. J'ai senti qu'il était vraiment déçu.

Plus d'un mois plus tard vers la mi-novembre, il a tenu à ce qu'on se voit. Comme je lui avais dit que je ne voulais pas le voir chez moi, il m'a fixé rendez-vous à la station de métro, j'étais déjà enceinte d'un mois et c'était Fred le père. Je suis allée comme prévu rencontrer Paolo. Il voulait me persuader de renouer avec lui, il était calme et gentil. Il m'a montré les documents de l'ambassade du Portugal qui nous permettait de nous marier, je lui ai dit que je ne voulais plus rien savoir. C'était trop tard. Même si je voulais renouer avec lui, je ne pouvais pas. J'étais déjà enceinte de Fred. Et ce dernier était tellement amoureux que je ne pense pas qu'il se serait effacé devant un Paolo, si j'avais choisi ce dernier. Et moi-même, je n'en avais pas envie pour la simple raison que j'étais amoureuse de Fred et que j'allais avoir notre bébé, le « bébé de l'amour » comme je l'appelais. Désormais je n'avais aucune raison de faire un mariage de raison avec Paolo. J'allais avoir un bébé avec l'homme de ma vie et en plus j'allais régler ce problème de papiers une fois pour toute. Je n'ai pas dit à Paolo que c'est parce que j'étais enceinte que je ne voulais plus renouer avec lui. Je lui ai juste fait comprendre que notre relation était bel et bien finie. Il a dû se rendre à l'évidence.

12

J'avais pris l'habitude de surveiller mon cycle tous les mois pour m'assurer de la période d'ovulation afin de multiplier mes chances de tomber enceinte. Ce jour-là au travail, je consultais mon planning mensuel afin de programmer mon prochain rendez-vous avec Fred. Nous étions au mois de septembre 2002 et le planning du mois d'octobre était déjà affiché. D'après mes calculs si tout se passait bien, c'est au début du mois d'octobre que j'allais tomber enceinte. Il fallait que je m'arrange à ne pas travailler pendant la première quinzaine du mois d'octobre. Vers la fin du mois de septembre, j'allais voir mon psy pour lui demander de m'arrêter car j'avais besoin de repos. Il m'arrêta pour 15 jours avec possibilité de renouvellement de mon arrêt. C'était parfait. J'avais la liberté de voir Fred autant que je voulais, du moins sans m'inquiéter de mes horaires décalés.

Pour avoir toutes les chances de mon côté, ma foi catholique m'incitait à faire une neuvaine à la Sainte Vierge Marie. Je décidai que pendant la durée de la neuvaine, pour assurer son efficacité, je ne verrai pas Fred, je voulais m'abandonner à la Madone. Pendant ces 9 jours de prières intensives, j'évitais soigneusement de voir Fred. Je voulais ce bébé et je voulais que sa venue soit bénie par le ciel. Prévoyante, j'avais fait de telle sorte que ma neuvaine ne se termine que la veille de notre prochain rendez-vous.

∴

Le jour où nous nous sommes revus, après ma neuvaine, je savais que cette fois serait la bonne. Je me sentais toute guillerette. J'avais envie de me faire particulièrement attirante pour notre rendez-vous. Je m'étais habillée comme une jeune collégienne anglaise. J'avais une petite jupe plissée bleue avec des collants noirs, une chemise blanche sous laquelle j'avais mis un col roulé et je portais des bottes en cuir. On aurait dit une adolescente alors que j'avais plus de 30 ans. Au fond de moi, je me sentais vraiment comme une jeune fille qui allait rencontrer son amoureux. Quand je le vis, je lui souris tendrement avant de l'embrasser. Nous achetâmes des sandwiches dans un café des parages puis allâmes dans le parc chercher un refuge à l'abri des regards pour manger tranquillement.

Comme à notre habitude nous terminâmes notre déjeuner frugal par un agréable moment de tendresse. Je m'assis sur lui à califourchon. Il me demanda doucement de sa voix suave et un peu rauque, si je pensais toujours à faire un bébé, je lui répondis : « plus que jamais ! » Je lui dis que c'était devenu obsessionnel chez moi, je ne pensais qu'à ça. Il me dit avec beaucoup de douceur dans la voix comme le ferait un maître zen, « tu sais quand tu y penses trop, tu bloques les énergies, il faut au contraire les libérer » et joignant le geste à la parole dans un mouvement de libération, il étendit ses bras. Rien qu'en le voyant faire ce geste, j'eus l'impression que mon utérus, comme une corolle de fleur, se débloquait et s'ouvrait pour accueillir ce bébé de l'amour que cet homme que j'aimais de tout mon cœur allait me donner. Je l'embrassai fiévreusement puis m'abandonnai totalement à lui pour un moment intense d'extase. J'avais l'impression que le temps s'était arrêté et que nous étions seuls au monde. J'étais heureuse et je me sentais tellement aimée que je ne pouvais que concevoir un bébé à cet instant précis.

Quand nous eûmes fini de faire l'amour, je lui dis que cette fois, c'était sûr qu'on avait fait un bébé et qu'il serait le plus beau bébé du monde. Il éclata de rire et me répondit que tous les bébés étaient beaux. C'est ce paradoxe qu'il aimait en moi. Je pouvais aussi bien être une femme forte qu'une petite fille naïve, qui ne savait plus ce qu'elle disait tellement elle se laissait emporter par la fièvre du moment. J'adorais l'entendre rire, lui qui en générale affichait toujours un air sérieux. Il riait souvent ainsi quand je sortais ce genre de phrases spontanées. Je me souviens qu'un jour, pendant qu'on discutait de son infidélité vis-à-vis de Ruth, je lui dis de go :

- Heureusement que tu as choisi Ruth comme épouse. Si tu m'avais choisie, je t'aurais trompé sachant que tu me trompes et notre relation n'aurait pas duré.

Il avait éclaté de rire disant que j'étais vraiment paradoxale. J'étais contre l'infidélité dans le couple et pourtant j'acceptais d'être sa maîtresse. Il m'en aimait que plus car c'est ce qui faisait mon charme.

Je me sentais heureuse et en paix. En le quittant ce jour-là, je savais que cette fois un bébé avait été conçu. J'avais confiance en Dieu et en la Sainte Vierge Marie. Ce bébé c'est à eux que je l'avais demandé et Ils me l'avaient donné. Pour moi il n'y avait aucun doute.

Trois semaines plus tard, je constatais avec plaisir que je n'avais pas eu mes règles depuis plusieurs jours. J'allai voir mon médecin pour lui demander un test de grossesse parce que j'étais certaine d'être enceinte. Je ne voulais pas acheter de test de grossesse en pharmacie. Il n'était pas fiable à 100%. Ce que je voulais, c'était être certaine que Dieu et la Sainte Vierge Marie avaient exaucé ma prière. Mon médecin me fit une ordonnance pour un test au laboratoire. Quelques jours après, j'avais le résultat du test. Il était positif. J'étais aux anges.

Quand j'ai revu Fred, j'étais toute excitée à l'idée de lui annoncer la bonne nouvelle. Fidèle à lui-même, il m'a simplement dit : « je suis content pour toi » d'un ton neutre. J'ai senti qu'il était sincère. Il voulait cet enfant autant que moi, pas pour le plaisir d'être père à nouveau, mais parce qu'il savait que c'était important pour moi. Combien de fois lui avais-je répété mon désir d'être mère. Il était heureux de combler ce désir et de me savoir désormais heureuse. Sauf qu'il n'avait pas l'intention de s'impliquer dans ce bonheur naissant pour moi. Il avait déjà une famille et il tenait à la préserver. Je ne l'ai compris que bien plus tard quand les problèmes ont commencé.

J'ai repris le travail vers le début du mois de novembre. Rassurée par ma grossesse, je me sentais confiante en l'avenir. Je n'avais plus cette épée de Damoclès sur la tête par rapport à ma situation concernant mes papiers. Je savais qu'une fois que j'aurais annoncé ma grossesse à mon employeur, il ne pourrait plus me licencier. Néanmoins quelques jours après avoir repris le travail, je recevais chez moi une lettre de procédure de licenciement pour défaut de titre de séjour. Je me suis dépêchée d'aller voir mon psy qui m'a arrêté pendant 15 jours. Je savais que cela aurait pour effet de suspendre la procédure car la loi interdisait de licencier une personne pendant la période d'arrêt de travail. Puis je suis allée voir mon avocat. Il m'a conseillé de répondre à la lettre de licenciement. Je devais dans ma réponse manifester mon étonnement sur leur décision et leur joindre la photocopie de ma carte de séjour (même si celle-ci était fausse). J'en ai profité pour me reposer un bon mois. Etant donné mon état grossesse, désormais je pouvais me faire arrêter à souhait par ma gynéco qui ne trouvait rien à redire quand je lui contais que j'étais suivie par un psy pour dépression. Elle m'avait aussitôt délivré une déclaration de grossesse à présenter à mon employeur après que je lui eus raconté pourquoi j'étais en dépression et suivie par un psy. Elle aurait préféré attendre 12 semaines de grossesse pour la déclaration de grossesse selon les termes de la Caisse d'allocations familiales (CAF) et de la Sécurité Sociale ; mais compte tenu des circonstances, elle me la signa plus tôt. Quand je repris le travail à la mi-décembre, je me pressais de donner à mon employeur ma déclaration de grossesse. La réponse à la lettre de licenciement associée à la déclaration de grossesse avait fini par le dissuader de poursuivre la procédure de licenciement. Une semaine après je recevais chez moi, une lettre annulant la procédure de licenciement. Je pouvais enfin me détendre et poursuivre ma grossesse sans stress.

À propos de stress, j'avais demandé à rencontrer le médecin du travail. Je voulais une dispense de travail au téléphone arguant que dans mon état, je supportais de moins en moins d'être soumise au stress du travail téléphonique.

Habitué à ce genre de doléances, il accepta de me délivrer la dispense pendant toute la durée de ma grossesse. C'est ainsi que j'ai été affectée à un poste administratif (Back office) jusqu'à mon départ en congé maternité. C'était parfait.

Désormais, j'étais une femme enceinte détendue et sereine. Ma relation avec Fred suivait son cours, nous continuons à nous rencontrer une fois par semaine comme d'habitude. Et j'appréciais de faire l'amour avec lui plus que jamais puisque je me savais liée à lui pour la vie avec ce bébé à venir. Durant les 2 premiers mois de ma grossesse nous étions plus proches que jamais. Il m'appelait tous les jours, et même plusieurs fois, m'écrivait tous les jours. Un jour je lui avais envoyé un message intitulée « le bébé de l'amour ». Dans ce message je lui disais que j'étais persuadée au fond de mon cœur que cet enfant nous avait choisis comme parents parce que notre amour était tellement fort que c'est ce qu'il lui fallait pour venir. Je lui dis un jour où nous marchions tranquillement dans le parc de Bussy :

- Tu ne trouves pas curieux qu'au lieu de tomber enceinte de Paolo que je n'aimais pas vraiment mais dont je voulais quand même un enfant, je sois tombée enceinte de toi l'homme que j'aime et que j'ai toujours aimé ?

Il me répondit simplement que je donnais à cette grossesse un aspect un peu mystique. Ah ! Ces hommes ! Ils ne comprennent jamais rien !

Ce bébé qui grandissait dans mon ventre me faisait me sentir encore plus amoureuse que jamais. J'étais la femme la plus heureuse du monde. Fred faisait de son mieux pour me soutenir dans cette grossesse que j'allais mener toute seule. Il m'avait bien fait comprendre que ce bébé, il avait voulu pour moi, c'était comme un cadeau qu'il m'offrait. Lui, il avait déjà une famille et il tenait à la garder. Quand je lui rétorquais (agacée de voir qu'il ne voulait pas s'impliquer) que c'était aussi son enfant que je portais, il s'inquiétait de savoir comment il allait gérer cette situation. Il allait avoir un enfant hors mariage et se demandait ce qui se passerait si Ruth venait à le découvrir. Il réalisait qu'il avait signé « l'arrêt de mort de son mariage » (c'étaient ses termes) en ayant cet enfant avec moi. Et moi, soucieuse de sa paix d'esprit, je n'arrêtais pas de le rassurer sur le fait que jamais Ruth ne le saurait. Dans tous les cas, ce n'était pas moi qui allais le lui dire. Je tenais trop à ma tranquillité et à ma grossesse que je voulais mener à terme. Puis, je tenais à ma relation avec lui et je savais que le meilleur moyen de tout bousiller entre nous, c'était d'aller dire à sa femme que j'étais enceinte de lui et cela n'aurait aucun sens. Toutefois, Fred devenait de plus en plus inquiet et parfois cela m'exaspérait vraiment, même si je faisais de mon mieux pour le cacher.

Fred et moi avions beaucoup d'égard l'un pour l'autre. Toute notre relation durant nous avions signé une sorte de pacte tacite de non-agression verbale. Nous avions trop peu de temps pour nos rencontres. Nous voulions tellement profiter l'un de l'autre que nous ne voulions pas perdre la moindre petite minute à nous disputer. Quand dans son attitude quelque chose m'agaçait, je préférais attendre de lui dire gentiment par message. Et lui de son côté me répondait avec des mots emprunts de douceur. Et c'est ainsi que nous levions les malentendus qui pouvait subsister entre nous et profiter au maximum de nos rencontres. Je l'aimais tellement.

∴

J'avais pris rendez-vous pour ma première échographie. J'étais toute contente à l'idée de l'annoncer à Fred. J'étais persuadée qu'il allait se réjouir à l'idée de voir le bébé et se libérer pour venir avec moi. Quand je lui ai demandé s'il pouvait se libérer, il m'a simplement fait comprendre que ce ne serait pas possible parce qu'il travaillait. C'était faux, il pouvait se libérer, il l'avait toujours fait quand il voulait à tout prix me voir. Il se débrouillait toujours. Sauf qu'il ne voulait pas s'impliquer en tant que père dans cette grossesse. Tout se passait comme s'il s'en fichait de ce bébé à venir. On aurait dit que ce bébé ne l'intéressait pas. Pourtant, il était content que je sois enceinte parce que cela me rendait heureuse. Et rien n'était plus important pour lui que de me voir heureuse. Mais quand au bébé, j'avais la désagréable impression qu'il ne se sentait pas concerné. Lui tout ce qu'il voulait, c'est être mon amant, faire l'amour avec moi, passionnément, autant que possible, même si pour ça, il fallait me faire un bébé. Du moment que je ne lui demandais pas de jouer les pères de famille, ça pouvait aller. Du moins c'est ce que je pensais. Cela me blessait. Je le lui ai dit. C'est là qu'il m'a fait comprendre que ça n'avait rien à voir avec moi. Avec Ruth, quand elle était enceinte, il avait la même attitude. Il m'a expliqué que contrairement à la femme qui se sent mère dès qu'elle est enceinte, pour l'homme, la grossesse de sa femme reste quelque chose d'abstrait. Lui par exemple, il a commencé à s'impliquer dans la grossesse de Ruth uniquement quand il a fallu préparer la layette et même jusque-là, ce n'était pas encore concret pour lui. Il ne se sentait toujours pas concerné. Ce n'est que quand son fils est né, qu'il l'a pris dans ses bras qu'il a réalisé qu'il était père. Cette explication a plus ou moins calmé mes doutes à son égard.

Il est vrai que je commençais sérieusement à douter du désir de Fred pour ce bébé. Plus le temps passait plus nos rencontres ne tournaient qu'autour de ses craintes à l'égard de son couple, si Ruth venait à apprendre la venue de cet enfant. J'étais devenue une sorte de psy chez qui il venait déverser ses angoisses sur l'avenir de son couple. J'avais la désagréable impression qu'il voulait avoir ma bénédiction pour le libérer de l'obligation de reconnaitre cet enfant afin de sauver son mariage. En effet, je lui avais suffisamment martelé qu'il était hors de question qu'il ne reconnaisse pas ce bébé. Je lui ai expliqué qu'au Congo, un enfant de père inconnu était très mal vu et était la risée de tout le monde. Je ne voulais pas infliger ça à mon enfant. S'il voulait même faire une reconnaissance prénatale pour s'éviter la charge d'aller à la mairie quand j'accoucherais, c'était mieux.

Apparemment ce n'était ce qu'il attendait de moi. Ce qu'il voulait c'est que je garde mon bébé pour moi et que lui ne soit que le géniteur, sans plus. Les choses commençaient à être plus ou moins tendues entre nous. Mais nous tenions trop l'un à l'autre pour cesser de nous voir. Un jour que nous avions rendez au métro de Bussy, j'eus l'idée de lui demander de faire une photo ensemble dans un photomaton. Ce à quoi il me répondit suspicieux « pourquoi, tu veux me nuire ? », je le regardai droit dans les yeux affichant mon plus beau sourire sur les lèvres et rétorquai « je suis enceinte mon chéri, ce sera une belle photo de ses parents pour notre bébé ». Il se détendit et rentra dans le photomaton pour poser avec moi. C'était dans la boite ! Je savais au fond de moi que cette photo allait me servir un jour.

Les nausées matinales m'embêtaient de plus en plus. J'allai voir mon médecin qui m'arrêta pendant 2 semaines le temps que les nausées passent. Le froid hivernal s'était installé, même si on était encore en automne et je devenais plus irritable que jamais. Je fis comprendre à Fred que je ne pourrais plus honorer nos rencontres à l'extérieur et que s'il voulait qu'on se voie, il n'avait qu'à se débrouiller pour passer chez moi. Ce qu'il fit. Les deux semaines où j'étais à la maison, il vint régulièrement me voir, plus que d'habitude. Je ne sais pas si c'était les hormones qui m'embêtaient, mais je commençais à trouver agaçant son envie de toujours vouloir faire l'amour à chaque fois qu'on se voyait. J'avais l'impression qu'il ne venait que pour ça. Pourtant au début, je trouvais amusant et même flatteur qu'il me désirât malgré mes nausées. Je lui disais souvent « tu viens arroser ta plante ? », il répondait toujours par un sourire charmeur plein de désir. Et nous faisions l'amour. C'était drôle de faire l'amour dans un lit, nous qui avions pris l'habitude de le faire dans la nature, dans des parcs, sur des bancs publics, dans la voiture, dans la douche d'une piscine, enfin dans des endroits insolites… et là se trouver dans un lit, ça me faisait tout drôle. Mais lui s'en foutait. Pour lui dans un lit ou ailleurs, il me désirait et peu lui importait où son désir allait être comblé. C'est une attitude typiquement masculine. Seul importe de « se dégorger le poireau » comme dirait un ami qui aujourd'hui est le parrain de mon fils.

Faire l'amour dans cet état ne m'intéressait plus. Désormais je le faisais pour faire plaisir à Fred parce que je l'aimais. Après tout c'était le père de mon futur bébé. Même s'il m'énervait par son manque d'implication dans ma grossesse. Je m'en fichais que cela se soit passé ainsi avec Ruth. Nous c'était différent quand même ! Nous étions amants et non un couple marié. J'étais sa maîtresse et non sa femme. Les hommes ne devaient-ils pas se comporter différemment avec leurs maîtresses. En ce qui me concerne, je savourais le fait d'être sa maîtresse, car je n'avais que les avantages. Les inconvénients de la vie à deux, je les laissais volontiers à Ruth. Alors pourquoi se comporter avec moi comme si j'étais sa seconde épouse. Non, ça je ne le voulais en aucune manière. Je voulais qu'il s'implique dans ma grossesse, qu'il me montre qu'il était aussi heureux que moi d'avoir ce bébé. Le jour où je lui ai montré l'échographie du bébé et qu'il n'a pas réagi comme je voulais, je l'ai détesté. Il s'est contenté de la regarder sans dire un mot et de la mettre de côté. Et quand je lui ai demandé s'il ne voulait pas en garder un exemplaire et qu'il a dit non, je fulminai intérieurement. Je compris à ce moment précis que ce bébé était le mien et pas le sien. Nous l'avions juste conçu ensemble. À partir de là, je me suis vue toute seule avec mon bébé. Cet homme devant moi n'attendait que la première occasion pour se défiler, même s'il prétendait tenir à moi. Malgré cette tension souterraine, nous avons continué à nous voir comme si de rien n'était. Il venait entre midi et deux, on discutait, on faisait l'amour puis il repartait.

∴

Un jour, c'était la période des fêtes, le matin du 24 décembre, il a débarqué chez moi vers 7 h du matin. Je lui avais acheté un livre, *Le seigneur des anneaux* car il m'avait confié qu'il aimait les livres de Tolkien. C'était le seul cadeau que je pouvais lui offrir sans risque d'éveiller les soupçons de Ruth sur son origine. Car nous nous souvenions tous les deux avec humour de l'épisode du polo Lacoste que je lui avais offert 10 ans auparavant à son anniversaire. De jalousie, Ruth l'avait réduit en morceaux. Un livre au moins passait inaperçu comme cadeau. Il faut dire que j'aimais offrir des cadeaux à mes amoureux et à Fred beaucoup plus qu'à quelqu'un d'autre. Tout simplement parce que c'est le seul homme que j'aimais de toute mon âme. La preuve c'est que c'est le seul qui a réussi à faire germer une graine d'amour dans mon sein, mon âme devait certainement rejeter tout ce qui n'était pas issu d'un amour parfait.

Ce jour-là, j'ai la surprise d'entendre sonner chez moi. En décembre à 7 h, il fait nuit noire et je me demande qui peut me réveiller à cette heure matinale. Prudente, je m'approche de la porte d'entrée et je demande :

- Qui est là?
- C'est Fred. Dit une voix masculine, que j'ai à peine reconnu.

J'ai à peine le temps de me remettre de ma surprise quand j'entends ce nom, je vais tout de suite ouvrir pour ne pas le laisser attendre trop longtemps dans le froid. Je le laisse entrer, je l'embrasse et je lui demande qu'est-ce qui l'amène chez moi de si bon matin. Il me répond:

- Ruth m'a demandé d'aller travailler tôt ce matin pour pouvoir rentrer plus tôt ce soir et préparer le réveillon de noël. Comme j'avais envie de te voir pour te souhaiter de passer de bonnes fêtes, d'être un peu avec toi, je suis là. Je sais que ce n'est pas la joie en ce moment entre nous, mais j'avais envie de passer un moment avec toi avant d'aller travailler.

J'étais tellement heureuse de le voir et j'étais surtout flattée qu'il ait tout de suite pensé à moi quand l'occasion s'est présentée. Du fond du cœur, je remerciais Ruth. Bien sûr, Fred était celui qui avait toute ma faveur. Nous nous sommes alors accordés à tous les deux un câlin matinal, puis je lui ai donné son cadeau de noël et il est parti. J'étais comblée. L'homme que j'aimais était venu très tôt me souhaiter un joyeux noël que pouvais-je attendre de mieux du Père noël. C'était le meilleur des cadeaux que je puisse avoir de l'élu de mon cœur. J'étais loin de m'imaginer que c'était le dernier.

13

Le soir de noël, j'ai reçu un appel de Ruth sur mon téléphone fixe. Elle s'est présentée très poliment.

- Bonjour madame, je suis Ruth Orsell, la femme de Fred Orsell...

J'étais interdite. Je ne savais pas quoi dire, mon sang n'a fait qu'un tour. Qu'avait-il pu se passer chez Fred pour que sa femme m'appelât le soir, juste avant le réveillon de noël. Dans la panique, avait-il décidé de tout lui avouer au risque de gâcher la fête de noël pour lui et pour ses enfants ? Il me semblait que les choses s'étaient bien passées entre nous ce matin quand il m'a surpris par sa visite matinale. Serait-ce qu'il avait changé d'avis ? Toujours est-il que je me suis ressaisie et j'ai répondu :

- Oui, bonjour.

Répondis-je, le plus calmement possible tout en restant sur mes gardes, bien décidée à entendre jusqu'au bout ce qui justifiait cet appel inattendu de la femme de mon petit ami que j'avais vu ce matin même et qui était tout amoureux.

Je suis toute ouïe, le combiné bien collé à mon oreille, je l'entends me raconter comment elle a reçu une lettre anonyme qui l'informait que j'étais enceinte de son mari. Jusque-là, je ne dis rien et je me dis que c'est Fred l'auteur de la lettre anonyme. Je le maudis intérieurement. Il a dû craquer sous la pression de la culpabilité qu'il ressentait à l'égard de Ruth et décider de tout lui avouer. Ne sachant pas comment le faire, il a par lâcheté, préféré envoyer une lettre anonyme. Pour moi tout est possible avec les hommes. Ils sont tellement lâches parfois face aux femmes. Mais quand elle poursuit en disant que l'auteur de la lettre anonyme prétend que je n'ai pas de papiers et que je veux avoir cet enfant juste pour régulariser ma situation, là je me calme. Je comprends que le pauvre Fred n'y est pour rien. Je ne lui ai jamais dit que j'étais en situation irrégulière. Notre relation était tellement discrète que même les membres de ma famille, à qui je parlais souvent de mon amour pour Fred, ne l'avaient jamais rencontré. Je ne vois pas qui dans mon entourage serait allé le voir pour lui dire que je n'avais pas de papiers sans savoir à quoi il ressemblait. Il était donc d'office écarté comme auteur potentiel de la lettre anonyme. Pendant que j'écoutais Ruth déblatérer très poliment sur le fait qu'elle se souvenait de moi, que j'étais la fille qui avait offert un polo Lacoste à son mari des années auparavant et qu'elle s'était fait le plaisir de découper en mille morceaux, mes pensées étaient dirigées vers Fred. Je ne pouvais m'empêcher de m'inquiéter pour lui, me demandant dans quel état il devait se trouver, lui qui craignait tant que Ruth ne découvrît notre relation. Il devait être anéanti, le pauvre ! Ai-je pensé. Ruth a conclu son exposé par une question aussi directe que désarmante.

- Est-ce que c'est vrai que vous êtes enceinte de mon mari ?

J'ai répondu par une question pour ne pas avoir à nier le fait que j'étais bel et bien enceinte de Fred. J'étais au début de ma grossesse et j'étais superstitieuse. Si je niais l'existence de mon bébé, il risquait d'être vexé et s'en aller.

- Que vous a dit votre mari à ce sujet ?

- Mon mari nie tout, il dit qu'il ne vous a jamais plus revue depuis l'épisode du polo. A-t-elle répondu de sa voix soupçonneuse.

Elle avait raison de douter de la sincérité de son mari. Pour cause ; j'étais enceinte de lui ! De plus nous avions poursuivi notre relation bien au-delà de l'épisode du polo Lacoste des années auparavant. Je lui réponds toujours aussi calmement :

- Si c'est ce qu'il vous a dit, vous devez croire votre mari. Tout ce qui est écrit dans cette lettre est un tas d'inepties qui ne me concerne absolument pas.

Je voulais à tout prix protéger Fred et permettre à sa famille de passer un bon noël. Cependant Ruth ne l'entendait pas de cette oreille. Toujours sur un ton inquisiteur, elle me dit :

- Donc vous me dites que ce qui est écrit dans cette lettre est faux. Vous n'êtes pas enceinte de mon mari ? Qu'est-ce que je fais de la lettre, je vous la renvoie ? La personne qui l'a écrite ne doit pas beaucoup vous apprécier.

Finit-elle par conclure compatissante.

- Il est inutile de me la renvoyer, vous pouvez la déchirer.

- D'accord, au revoir madame. Puis elle a raccroché.

Je n'en revenais pas, qui pouvait être l'auteur de cette lettre anonyme ? J'ai tout de suite pensé à une de mes copines de l'internat, Hortense, une béninoise comme Ruth, avec qui j'échangeais souvent à propos de ma relation avec Fred et qui connaissait la famille de Ruth du fait de leur haut rang dans la société béninoise. En effet, son père était un homme influent au Bénin. Il était député à l'assemblée nationale béninoise et possédait un grand patrimoine immobilier en France et au Bénin.

J'ai connu Hortense au Togo dans mes jeunes années d'internat. Nous étions très complices et nous sortions souvent nous amuser ensemble. Quand je suis rentrée définitivement au Congo, j'ai perdu sa trace. Une fois en France, nous nous sommes retrouvées comme au bon vieux temps. À la seule différence qu'elle était mariée et avait un enfant. Et moi j'étais toujours célibataire et je sortais avec un homme marié dont j'étais tombée enceinte. Je plaisantais souvent avec elle sur l'hypothèse de déloger Ruth et d'occuper sa place en tant que femme de Fred, ce dont rêve toutes les maîtresses frustrées de ne pas voir leur homme plus souvent. Pourtant, je me doutais pertinemment que Fred ne quitterait jamais Ruth pour moi, il me l'avait bien souvent fait comprendre. Même s'il m'aimait profondément, il aimait encore plus Ruth et il restait persuadé qu'on pouvait aimer deux femmes à la fois. Il me disait souvent que si nous vivions au Ghana, il serait heureux de nous avoir toutes les deux comme épouses car là-bas la polygamie était admise.

- Jamais de la vie je n'aurais accepté de te partager avec une autre ! lui répondais-je
- Tu es la femme la plus drôle et la plus paradoxale que je n'ai jamais vue. Tu le fais déjà en ce moment précis. Me répondait-il d'un ton moqueur.
- C'est une situation temporaire. Je ne serais pas ta maîtresse toute ma vie car j'aspire moi aussi au mariage.
- Alors peut-être qu'on se mariera dans une autre vie.
- Pourquoi pas dans cette vie ? Dans 20 ans peut-être ! À ce moment tes enfants seront déjà grands et tu n'auras plus à te soucier de leur équilibre. Après tout, on s'est bien retrouvé après 10 ans !
- J'espère qu'à 60 ans tu seras encore bien conservée et toujours aussi classe. Finit-il par dire.

Fred avait toujours admiré mon côté classe et ma façon de toujours prendre soin de mon apparence. Ceci s'appliquait aussi à mon langage à son égard. Je savais modérer mes propos, même quand j'étais fâchée contre lui. Je n'ai jamais prononcé de grossièreté, lui non plus. Tout se passait entre nous comme si nous devons rester dignes en toute circonstance. À croire que dans une vie antérieure, nous avons dû être des aristos. Ce genre de personnes coincées qui ne s'autorisent jamais d'écarts de langage en société.

Avec ma copine Hortense, on plaisantait souvent sur le fait que je pourrais limoger Ruth. On aimait bien casser du sucre sur son dos et sur le fait qu'elle était très jalouse, possessive et ne savait pas s'occuper de Fred. Un homme de cette trempe, j'en aurai pris soin au point où il n'aurait pas ressenti le besoin d'aller voir ailleurs, déclarais-je à Hortense. S'il la trompait, c'est parce qu'elle le méritait. Voilà comment pensent les maîtresses.

Au cours d'une conversation où je lui annonçai que j'étais enceinte, elle me mit en garde contre la lâcheté des hommes. Elle me raconta qu'une de ses sœurs sortait avec un homme marié qui lui jurait par tous les dieux ne pas pouvoir se passer d'elle, soi-disant qu'il l'aimait passionnément. Un jour, Hortense et une de ses copines eurent la merveilleuse idée d'envoyer une lettre anonyme à sa femme, pour mettre à l'épreuve cet amoureux transi. Sa sœur pourrait déterminer si son amant était sincère. Quand la femme de ce dernier reçut la lettre et menaça son mari de divorce, celui-ci décida de tomber le masque de l'amoureux éperdu et disparut à jamais de la vie de sa sœur.

Hortense me rappela que tout amoureux qu'un homme pouvait prétendre être de sa maîtresse, devant sa femme, il oublie toutes les promesses d'amour éternel faites à celle-ci pour préserver son couple. Il est généralement difficile de le voir quitter le confort de son foyer pour s'attacher à sa maîtresse. Surtout quand il s'agit des couples africains. Fred et Ruth ne faisaient pas exception. Même s'ils vivaient en France depuis des années et avaient adopté les mœurs de la société française, ils n'en demeuraient pas moins d'origine africaine. En Afrique l'engagement au mariage est sacré. Très peu de couples divorcent, peu importe qu'ils ne soient pas heureux ensemble. L'homme préfère se prendre une maîtresse pour se soulager de sa frustration et la femme aussi. Simplement cette dernière est beaucoup plus discrète. Le plus important, c'est de rester marié quoiqu'il arrive. « On ne se marie pas pour divorcer » semble être l'ordre tacite intimé aux époux, une fois mariés. Je savais que Fred était attaché à son mariage, je le dis à ma copine. Nous conclûmes que c'était une folie de s'imaginer que je pourrais réussir à le pousser à divorcer de Ruth.

Cette conversation m'est revenue à l'esprit après le coup de fil de Ruth. Mais j'ai décidé d'attendre la fin des fêtes, espérant revoir Fred pour en discuter sérieusement. Je me disais qu'étant donné que j'avais joué le jeu en soutenant son mensonge devant Ruth, il allait certainement vouloir qu'on se revoie.

Entretemps, quelques jours après ma conversation avec Ruth au téléphone, j'ai reçu une lettre d'elle. Le contenu de la lettre était certes poli dans la forme mais provocateur dans le fond. Ruth me renvoyait la lettre anonyme (alors que nous étions d'accord pour qu'elle la détruise) et l'accompagnait de ceci : « *Bonjour madame, j'espère que vous ne connaissez pas mon mari, je vous renvoie la lettre anonyme que j'ai reçue. Dites à la personne qui l'a écrite, quel que soit ce qu'elle fera, mon mari et moi resterons toujours mariés pour le meilleur et pour le pire. Au revoir madame, bonnes fêtes* ».

Quand j'ai reçu cette lettre, j'ai vu rouge. Je me demandais s'il fallait que je réponde ou non à ce que je considérai être une provocation pure et simple. Je trouvais cette lettre insultante dans ses insinuations. Non seulement Ruth avait opté pour croire au mensonge de son mari, du moins faisait-elle semblant, mais elle me narguait ouvertement sur la solidité de son couple et semblait laisser penser que j'étais l'auteure de la lettre anonyme. Eh bien ! Puisqu'elle était mariée pour le meilleur et pour le pire, ayant connu le meilleur avec son mari bien aimé, nous allions lui servir le pire pour qu'elle voit un peu ce que c'est. La lettre anonyme m'accusait de vouloir détruire ce que Ruth avait construit, de faire cet enfant uniquement pour avoir la nationalité française et j'en passe. Je m'occuperai plus tard de trouver son auteur. Pour l'instant, il me fallait montrer à Ruth qu'elle ne savait pas à qui elle avait affaire, si elle voulait prendre les choses sur ce ton avec tous ces sous-entendus. Pour moi cette lettre était une déclaration de guerre.

On était le 29 décembre 2002, il faisait très froid dehors, la température avoisinait zéro et la météo annonçait la neige. J'étais à 2 mois et demi de grossesse, les nausées matinales étaient presque passées mais je me sentais toujours fatiguée et très irritable. Cette lettre avait fait monter mon taux d'adrénaline à un niveau où il était impossible de me maîtriser. J'avais besoin de me défouler. Je tournais en rond dans mon studio pour me calmer. Rien à faire. Ruth avait touché la corde sensible en me narguant ainsi. De plus, je n'avais plus aucune nouvelle de Fred. J'étais seule au monde. Je n'avais aucune envie d'appeler Emilie parce que je savais qu'elle m'aurait dissuadé de faire ce que je m'apprêtais à faire et que je mourrais d'envie de faire dès le moment où j'ai reçu cette lettre. Je me souviens que les jours qui ont suivi ma conversation téléphonique avec Ruth, je me répétais souvent en moi-même « si elle commet l'erreur de m'envoyer cette lettre anonyme malgré tout, je ne répondrai pas de moi, je dirai tout ». J'en avais après Fred. Il n'avait plus fait signe de vie, ni par mail, ni par téléphone. Si au moins il s'était manifesté, peut-être me serai-je calmée. Mais face à son silence assourdissant, j'ai dû réagir. Je décidai que j'allais faire à Ruth une réponse dont elle se souviendrait toute sa vie. Si jusque-là, j'avais voulu protéger Fred, ce jour-là, ce n'était plus le cas. Fred, depuis cette affaire, ne s'était pas soucié de savoir comment j'accusais le coup, aucun mail, aucun coup de fil. Alors qu'auparavant il m'écrivait presque tous les jours. Je pris une feuille et un stylo, m'installai à ma table pour écrire à madame Orsell.

> *« Chère madame, je connais bien Fred Orsell et ce depuis plus de 10 ans. En effet je suis bel et bien enceinte de Fred Orsell, votre mari et il est au courant. Si je ne vous ai rien dit au téléphone, c'est parce que j'estimais que ce n'était pas à moi de vous le dire mais*

à Fred lui-même de vous l'avouer. J'espère malgré tout que vous resteriez toujours mariés. Bonnes fêtes madame. »

J'avais toujours des carnets de timbre chez moi pour m'éviter d'aller jusqu'à la Poste quand j'avais du courrier à expédier. Malgré le froid ce soir-là, je mis ma lettre dans une enveloppe, je collai un timbre dessus et je sortis la mettre dans la boîte aux lettres de la Poste qui était au coin de la rue. Quand je suis rentrée chez moi, il a neigé. J'ai su alors que j'avais bien fait d'envoyer cette lettre (malgré les problèmes que ça allait me causer) car pour moi la neige a toujours été une source de joie et de bien-être. J'ai toujours aimé la neige. Je la trouve magique. Et quand je suis triste, s'il se met à neiger, ma tristesse s'envole. Pour moi la neige c'est Dieu qui me fait un clin d'œil comme quoi tout est sous contrôle. Moi qui ai souvent pour habitude de culpabiliser quand je pose un acte sous l'effet d'un fort état émotif comme la colère, l'indignation ou la frustration, j'ai su avec cette neige qui tombait que j'avais bien fait. D'ailleurs, c'était une occasion en or qui s'offrait à Fred de dépasser sa peur que Ruth le quitte à cause d'une infidélité avérée. Les autres fois qu'il l'avait trompée (car il l'avait souvent trompée, c'est lui-même qui me l'a dit) et qu'elle avait eu des soupçons, il lui avait suffi de tout nier en bloc. Comme elle n'avait pas de preuves, elle ne pouvait rien faire. Cette fois c'était différent. Ruth allait avoir la preuve de son infidélité puisqu'un bébé allait naître. Il saurait ainsi si sa femme allait mettre ses sempiternelles menaces à exécution. Moi je savais qu'elle ne le quitterait jamais, non seulement parce qu'elle l'avait dit dans sa lettre, mais parce que c'était la chose la plus intelligente à faire quand on tenait à son foyer. Un couple peut survivre à l'infidélité plus qu'à autre chose. En tout cas, je n'aurais pas quitté mon mari parce qu'il aurait fait un enfant avec une autre femme. Bien au contraire j'aurai fait de sorte qu'il assume ses responsabilités.

Dans une certaine mesure Fred devait me remercier de lui avoir facilité les choses. Je me disais qu'il allait finalement plus avoir besoin de cacher cette grossesse et de tout avouer à sa femme. Mais le lâche n'en a rien fait.

Quelques jours après avoir envoyé ma lettre, j'attendais la suite des événements non sans une certaine appréhension. La fête du nouvel an était passée. J'avais passé le réveillon toute seule dans mon lit. Je n'avais vraiment pas la tête aux festivités. Ma relation avec Fred était désormais finie à cause de cette lettre anonyme, je le savais et cela m'attristait. Désormais j'étais seule avec mon bébé à venir. Heureusement que je priais beaucoup. Je récitais souvent les psaumes. C'est la seule chose qui me réconfortait.

Pour ne pas me sentir seule face à l'adversité, je décidai finalement d'y associer ma sœur Emilie. Jusqu'à présent j'avais tenu à gérer cette situation toute seule, parce que je voulais décider seule de ce que j'allais faire avec Ruth. Mais compte tenu de mon état, je craignais que tout ce stress ne soit trop lourd à gérer et nuise à mon bébé. J'allai voir Emilie et je lui dis que les choses bardaient du côté de Fred et sa femme car quelqu'un avait eu la bonne idée d'envoyer une lettre anonyme à cette dernière. Je lui montrai la lettre. Elle me demanda qui avait bien pu envoyer cette lettre. Je lui répondis que je pensais que c'était Hortense. Emilie connaissait Hortense aussi bien que moi. Nous avons toutes été à l'internat ensemble au Togo. Mais je lui dis que je soupçonnais aussi ma belle tante, Sidonie. Je lui racontai comment Sidonie m'avait prise à partie lors de notre séjour à Bruxelles à propos de Fred.

Sidonie et moi avions eu une discussion orageuse à propos de Fred l'été avant que je sois enceinte de Fred. Nous sommes allées passer les vacances en Belgique. Elle voyait d'un très mauvais œil cette relation passionnée que j'entretenais avec Fred. Depuis Bruxelles nous nous envoyions de messages enflammés. Je n'y étais allée que pour une semaine, il m'écrivait déjà que je lui manquais énormément. Il me dit à mon retour des vacances qu'il lui arrivait d'appeler sur mon téléphone portable en mon absence rien que pour entendre ma voix sur le répondeur. C'est dire à quel point notre passion avait pris de l'ampleur dans son cœur.

14

Sidonie n'aimait pas Fred parce qu'elle se souvenait combien j'avais souffert 10 ans plus tôt et puis il était marié à présent. Elle ne comprenait pas mon attachement et me le fit ouvertement savoir par des propos virulents. Elle me dit que j'étais trop naïve de croire qu'il allait quitter sa femme (ce sur quoi elle avait totalement raison), en plus j'étais égoïste, disait-elle, je ne pensais pas à Ruth. On aurait dit qu'elle prêchait pour sa propre paroisse. Elle était mariée et n'appréciait pas que je fusse « l'autre femme » comme on disait dans la série *Sex and the city*. Dans un épisode de cette célèbre série américaine, Carry Bradshaw, l'héroïne, renoue avec son amant de toujours, Mr Big, alors que celui-ci est marié. Charlotte une de ses meilleures amies qui est en train de divorcer de Trey son mari, reproche à son amie d'être « l'autre femme. » C'est-à-dire, celle par qui le scandale arrive. Oui, j'étais l'autre femme et j'allais mettre le feu au foyer idyllique de Fred et de Ruth Orsell. Un vrai scandale !

Je comprenais la position de Sidonie. Pour la rassurer, je lui dis que cette fois-ci, c'était différent avec Fred puisque nous projetions d'avoir un bébé. Tous les deux nous le désirions ardemment. Je me souviens qu'au cours d'une ballade à Bruxelles avec Sidonie, nous avons posé devant la statue de la Pieta (Marie tenant Jésus Christ mort dans ses bras après la crucifixion). J'avais ouïe dire que pour les belges, cette statue était considérée comme porte bonheur pour la fertilité. Même si je ne voyais pas le rapport entre la passion du Christ et la fertilité, j'ai voulu croire qu'elle allait me porter bonheur dans mon projet de grossesse. Cela faisait des mois que j'essayai de tomber enceinte en vain, alors mieux valait avoir la foi en cette statue. Mais pour Sidonie c'était le pire que je pouvais faire. Vouloir un enfant avec un homme qui était marié, quel sacrilège ! Qu'est-ce que je faisais de sa femme dans tout ça, est-ce je pensais à la souffrance que j'allais lui infliger si elle l'apprenait ? Nous n'étions vraiment pas d'accord sur le sujet. On n'en était resté là. Vu la véhémence de ses propos pour défendre son point de vue, je me suis dit qu'elle en avait vraiment gros sur le cœur. Je ne lui parlai plus jamais de Fred ni de mon projet de bébé pendant tout notre séjour à Bruxelles. Pendant ce temps, Fred et Moi nous continuons à nous envoyer des mails délicieusement enflammés tout le reste de mon séjour. J'étais très éprise de cet homme que je voyais comme le futur père de mon enfant et lui aussi semblait répondre à cet appel du cœur pour cristalliser nos sentiments par la venue d'un bébé. Quand je suis rentrée de Bruxelles, je lui ai rapporté du chocolat, la Belgique étant l'autre pays du chocolat après la Suisse. Il était heureux.

Au regard de cet épisode belge, j'ai pensé que Sidonie pouvait vraisemblablement être l'auteure de la lettre anonyme. De plus je me suis souvenue de la fois ou sans raison apparente au cours d'une conversation téléphonique, alors que j'étais déjà enceinte, elle m'avait demandé comment s'écrivait Orsell. Surprise, je lui avais demandé pourquoi. Elle me répondit que c'était parce qu'elle voulait commander des bijoux en or au Congo à offrir au futur bébé. Je n'étais même pas à trois mois de grossesse et à l'époque je ne savais pas encore si c'était une fille ou un garçon et comment j'allais l'appeler. J'avais trouvé sa question étrange. Mais je n'y avais pas prêté plus d'attention que ça.

En discutant avec Emilie, je lui ai fait remarquer qu'une autre raison pour laquelle je soupçonnais Sidonie, c'était parce que la lettre avait été postée à Ermont Eaubonne et je savais que Sidonie avait son oncle qui vivait dans cette ville. Parfois nous allions les voir quand Sidonie venait à Paris. Emilie me confia alors qu'une fois Sidonie lui avait donné du courrier à envoyer depuis Sannois. Elle n'avait pas compris pourquoi mais elle l'avait fait. Pour moi tous ces indices me permettaient de l'inclure sur ma liste de suspects.

Ma sœur Ursula était exclue. Même si nous étions en froid, ce n'était pas son genre d'envoyer des lettres anonymes. Elle était trop orgueilleuse pour s'abaisser à ce genre de fumisterie. Je connaissais bien Ursula. Quand elle ne s'entendait pas avec quelqu'un, elle préférait l'ignorer purement et simplement, plutôt que de perdre son temps à imaginer comment lui nuire. Et puis, c'est ma sœur. Nous avions grandi ensemble et Dieu sait le nombre de fois où nous sommes restées fâchées pendant plusieurs mois. Jamais elle n'avait fait preuve de bassesse d'esprit. Au-delà de notre différend, Ursula restait attachée à mon bien-être. J'en veux pour preuve la fois où elle est venue chez moi avec Emilie pour s'enquérir de mon état de santé suite à une énième crise de dépression.

Quand à ma cousine Odile qui avait partagé mon studio, avant de déménager en province, pendant que je vivais encore avec Paolo, le style et les détails contenus dans la lettre ne lui ressemblaient pas. Odile n'aimait pas écrire, quoi qu'ayant été à l'école, elle trouvait le Français trop compliqué. Tout comme Ursula, elle préférait dire les choses ouvertement plutôt que d'user de ce genre de stratagème pour garder les faveurs de la personne à qui elle voulait nuire. Elle n'était ni fourbe, ni hypocrite. Ma meilleure amie et belle-sœur, Myriam, ne connaissait pas Fred et je ne lui avais jamais dit que sa femme s'appelait Ruth. Emilie quant à elle, je n'y ai même pas pensé. C'est une autre de mes sœurs qui n'a pas de temps à perdre dans des bassesses. Si elle avait quelque chose contre moi, elle me l'aurait dit en face. Si elle devait dénoncer ma relation avec Fred, elle ne se serait pas cachée derrière une lettre anonyme. Elle me l'aurait dit tout simplement. Si je ne voulais pas entendre raison et s'il le fallait, elle serait directement allée voir Ruth pour lui dire les choses et serait ensuite venue me voir pour me dire qu'elle avait parlé à la femme de mon petit ami, quitte à subir mes foudres pendant un temps. Elle savait qu'une fois la crise passée tout serait repartie comme avant. Et puis, elle avait toujours respecté mes décisions même quand elle ne les approuvait pas. Non, je n'avais aucune raison de soupçonner Emilie, ni aucune autre de mes sœurs. Nous avions toutes le même code d'honneur dans la famille ; la loyauté et le respect des choix de chacun. Malgré nos différends, nous restons solidaires dans l'adversité. Ruth allait en avoir la preuve quelques mois plus tard.

Après avoir procédé par élimination sur ma liste de suspects, il ne me restait que Sidonie et Hortense. Je savais que c'était peine perdue de me confronter ouvertement à Sidonie. Elle nierait tout en bloc et ensuite jouerait la carte de la culpabilité. Ce qu'elle savait très bien faire. Je n'avais pas envie de jouer à ce jeu avec elle. Je ne pouvais tout simplement pas l'accuser sans preuve. Il ne me restait plus qu'Hortense. Je me résolus à m'en occuper une fois que j'aurai fini de régler la crise avec Fred et Ruth.

J'attendais avec une certaine appréhension la réponse de Ruth à ma lettre. J'avais conscience d'avoir allumé un feu dans son foyer en écrivant cette lettre, même si je me doutais des conséquences pour mon futur bébé et moi, je craignais malgré tout, les répercussions sur la famille de Fred. Malgré les apparences, je ne voulais pas que Ruth le quitte à cause de moi.

C'était juste après les fêtes. Je venais de rentrer du travail quand mon téléphone sonna. C'était elle.

- Bonsoir, madame, c'est Ruth Orsell, je viens de recevoir la lettre que vous m'avez écrite. C'est donc vrai que vous êtes enceinte de Fred ?

Sa voix était très calme, on sentait la lassitude d'une femme dépassée par les événements mais qui malgré tout avait décidé de prendre sur elle. J'eus de la peine pour elle.

- Oui !

Répondis-je, sans rien ajouter de plus, appréhendant sa réaction de femme trahie. Après un silence qui me parut une éternité. Elle finit par dire calmement.

- Au revoir.

Elle n'en dit pas plus puis raccrocha. Cette fois-ci, je me dis, les dés sont jetés. Soit Fred avoue tout et décide de prendre ses responsabilités. Soit il continue de jouer les lâches.

Dès le lendemain, je reçus sur mon portable un coup de fil de Fred. Lui qui n'avait pas fait signe de vie depuis le début de cette histoire, le voilà qui réapparaissait. Je me demandais ce qu'il voulait. Je m'étais faite une raison sur notre histoire. Dès le moment où j'avais décidé de répondre à la lettre de Ruth, je savais que c'était fini avec Fred. Il m'a appelée gentiment, la bouche en cœur, me souhaitant une bonne année (quelle ironie !). Je lui demandai froidement ce qu'il me voulait. Il me dit qu'il voulait qu'on se voie. Je lui fis remarquer que je travaillais, que je ne pouvais pas le rencontrer dans la journée sauf le soir. Il me dit qu'il était d'accord pour me rencontrer le soir après le travail. Ce qui me surprit. C'était la première fois qu'il me fixait rendez-vous le soir. Toutefois, compte tenu des circonstances cela se comprenait.

∴

Nous nous retrouvâmes à la station RER de Vincennes. Quand il me vit, il me sourit et voulut m'embrasser sur la bouche comme si de rien n'était. Je tendis poliment la joue pour marquer qu'il n'était plus pour moi qu'un inconnu. Je lui en voulais de m'avoir abandonnée alors que j'avais besoin de lui en ces moments troubles. Il n'insista pas. Nous allâmes nous asseoir sur les bancs de la station pour discuter. Il prit un air sérieux pour me relater les faits de ces derniers jours. Il me raconta comment la veille de noël, après le travail, Ruth et lui allèrent relever le courrier dans la maison qu'ils venaient d'acheter mais dans laquelle ils n'étaient pas encore installés, car il y avait des travaux. Ils avaient simplement fait le changement d'adresse. Quand Ruth ouvrit la lettre et lut le contenu, elle crut d'abord à une mauvaise plaisanterie. Puis elle tendit la lettre à Fred pour qu'il la lise à son tour. Celui-ci, après l'avoir rapidement parcouru, ne dit rien et la redonna à Ruth. Elle se souvint alors de l'épisode de Clichy, avec l'histoire du soi-disant colis, puis du polo Lacoste. C'est à ce moment qu'elle devint soupçonneuse et se mit à l'interroger.

Je lui demandai ce qu'il a répondu, espérant intérieurement qu'il avait tout avoué. Il me répondit ouvertement qu'il avait tout nié en bloc. J'étais abasourdie. Comment pouvait-il continuer à nier et oser me le dire aussi froidement. Je lui posai la question, tout en essayant de toutes mes forces de garder mon calme. À ce stade je n'avais plus que du mépris pour lui. Je ne pensais pas qu'on puisse être lâche à ce point :

- Qu'est-ce que tu attends de moi ? Pourquoi tu viens me voir pour me raconter tout ça.

- Tu ne te rends pas compte à quel point c'est tendu à la maison. Personne ne veut plus me parler. Ruth menace de partir avec les enfants. Elle a dit à son père de lui trouver un appartement.

J'avais envie de lui répondre « qu'est-ce que ça peut me foutre ! Et moi mon bébé tu y penses ? » Au lieu de cela, je lui demandai de nouveau :

- Qu'est-ce que tu attends de moi ?

Il se posa en victime des circonstances, espérant m'attendrir. Toute cette histoire me tapait sur le système et sa lâcheté n'arrangeait pas les choses. Ce qu'il me dit par la suite est venu enfoncer le clou.

- Je veux que tu écrives une lettre à Ruth dans laquelle tu reviens sur tes déclarations.

- Paaaardon????!!!

Je feignis de n'avoir pas bien compris ce qu'il me demandait, même si c'était très clair. Je voulais qu'il le répète que je sente bien qu'il était sérieux, qu'il ne me faisait pas une blague. Égal à lui-même, il répéta :

- Je veux que tu reviennes sur tes déclarations en écrivant une lettre à Ruth.

Je le regardai droit dans les yeux et dis simplement :

- Non, je ne veux pas le faire.

- Tu ne veux pas le faire ?

- Non, je ne veux pas.

Il se leva, prit un air hautain et me foudroya d'un regard plein de reproches et me dit :

- Merci, vraiment merci.

Sans rien ajouter de plus, il entra dans le train qui venait d'arriver et partit. Je ne revis plus jamais après ce jour-là.

Le lendemain soir, vers 21h30, je dormais déjà depuis un certain temps lorsque j'entendis le téléphone sonner. Surprise, je me demandais qui pouvait bien m'appeler à cette heure tardive. Je sais que 21h30 n'est pas une heure tardive mais ça l'était pour moi. Avec la grossesse, j'étais très fatiguée quand je rentrai du travail vers 18h, j'avais juste le temps de grignoter rapidement un petit truc et je me couchais.
Le téléphone sonna encore. Au bout du fil c'était Fred.

- Bonsoir Segy, je t'appelle pour te demander d'écrire une lettre où tu reviens sur tes déclarations.

- Enfin Fred, tu me déranges pour quelque chose dont nous avons déjà parlé. Je t'ai dit que je n'écrirais pas cette lettre. Je veux que tu me laisses tranquille.

- Ruth est à côté de moi, elle dit qu'il faut que tu écrives cette lettre parce que les paroles...

J'entendais dans le fond Ruth lui aboyer dessus, puis soudain elle lui arracha le combiné, furieuse, elle me hurla dessus :

- Madame, vous devez écrire cette lettre car les paroles s'envolent et les écrits restent ! Me criait-elle au téléphone. Si vous ne le faites pas, demain je vais à la gendarmerie porter plainte contre vous.

Moi qui étais endormie, je me demandais si c'était un rêve ou un gag. Quand je réalisai, qu'il ne s'agissait ni d'un rêve, ni d'un gag, je sentis mon taux d'adrénaline monter d'un coup et je rétorquai :

- D'abord vous allez me parler sur un autre ton. Ensuite vous pouvez aller porter plainte où vous voulez, ça m'est exactement égal, je n'écrirai pas cette lettre. Au revoir...

Au moment où je raccrochai, je l'entendis dire : « elle trop conne ta copine ! » Je raccrochai.

J'étais tellement énervée que je n'arrivais pas à me rendormir. J'appelai Emilie au téléphone pour lui dire que la femme de Fred commençait à péter les plombs au point de m'appeler de façon intempestive tard le soir. Elle me calma de son mieux et me dit de penser au bébé et d'essayer de dormir. Elle me demanda de lui donner le numéro de Fred pour qu'elle l'appelât dès le lendemain pour lui parler et lui faire comprendre que dans mon état, il devait me laisser tranquille. Je lui donnai le numéro de Fred puis raccrochai. J'essayai en vain de me rendormir. Alors je pris ma Bible et me mis à lire les psaumes. Ma mère m'avait toujours dit que si pour une raison quelconque, j'étais contrariée ou que je me sentais mal, de lire le psaume 91 et le psaume 23. Je lis donc ces 2 psaumes et cela me calma. Je finis par me rendormir.

Au réveil, j'étais bien déterminée, en allant au travail, à dire à Fred ma façon de penser. Il avait intérêt à prendre le téléphone sinon j'aurai débarqué à son bureau et fait un scandale du tonnerre dont il se serait souvenu. J'arrivai au boulot et je l'appelai du téléphone de service, car je n'avais pas d'unités suffisantes sur mon portable pour ce que j'avais à lui dire. À l'époque les forfaits téléphoniques illimités n'existaient pas encore et les autres forfaits étaient hors de prix. J'appelai à son travail sachant qu'il ne répondrait pas sur le portable. Je tombai sur la secrétaire et demandai à parler à monsieur Orsell. Elle me le passa. Dès que je l'eus au téléphone, je lui passai un savon du tonnerre, lui demandant de calmer sa femme parce qu'elle ne savait vraiment pas de quoi j'étais capable. Ensuite je le mis en garde de ne plus m'appeler à des heures indues, ni lui, ni son hystérique de femme sinon c'est moi qui irait porter plainte pour harcèlement à la police, et je raccrochai sans lui laisser le temps d'en placer une. Plus tard dans la matinée, je reçus un coup de fil d'une femme qui prétendait être la mère de Fred. Elle disait s'inquiéter pour ce dernier. Elle voulait avoir ma version des faits parce que vu la tournure que prenaient les événements, elle voulait clarifier les choses. De plus, me dit-elle, peut-être pour m'amadouer, car elle sentait bien que j'étais sur la défensive, « Fred manipule tout le monde et personne n'y comprend plus rien. » Apparemment de son côté ça devenait une affaire de famille. Conquise, croyant trouver en elle une alliée face à la lâcheté de Fred, je me mis à lui raconter toute l'histoire de A à Z, à cette soi-disant mère de Fred parce que j'en avais assez de l'attitude enfantine de Fred. La veille au téléphone, on aurait cru que Ruth était sa mère lui ordonnant ce qu'il devait me dire.

La dame au téléphone me remercia et raccrocha. En début d'après-midi, c'est Fred lui-même qui m'appela (malgré la peur qu'il avait de Ruth, il avait quand même le courage de m'appeler) et me demanda si quelqu'un m'avait appelée. Je lui répondis froidement:

- Qu'est-ce que ça peut te faire ?

Il insista quand même pour savoir qui m'avait appelée.

- C'est ta mère, lui dis-je d'un ton glacial.

Sans se laisser démonter, il me répondit doucement que ce n'était pas sa mère mais sa belle-sœur, la femme de son frère. Solidarité féminine oblige, elle s'était fait passer pour la mère de Fred pour m'amadouer afin de me tirer les vers du nez et ça avait bien fonctionné. Puis il me demanda toujours d'une voix doucereuse, question de ne pas m'énerver plus que je ne l'étais déjà :

- Qu'est-ce que tu lui as dit ?

- Je lui ai dit la vérité, toute la vérité ! J'aboyais littéralement dans le téléphone.

- Essaye de comprendre la situation dans laquelle je me trouve, je le fais pour mes enfants.

- Ça m'est égal, tout ce qui peut se passer entre Ruth et toi m'est complètement égal ! Moi tout ce que je veux c'est qu'on me fiche la paix parce que j'ai une grossesse à mener à terme.

Puis j'ai raccroché sans lui laisser le temps de m'en dire plus. J'en avais vraiment assez. L'histoire de la belle-sœur qui s'était fait passer pour la mère de Fred avait fini par avoir raison de moi. Je n'avais qu'une envie, terminer ma journée et rentrer chez moi.

Apparemment après notre conversation, il aurait contacté Emilie par téléphone. Cette dernière m'a appelé pour savoir ce qui se passait. Elle aurait parlé avec Fred qui était totalement en panique à cause de mon attitude agressive sans mesurer les conséquences de mes actes. Je m'en suis prise à Emilie. Je me demandais de quel côté elle était. Fred n'était qu'un lâche qui essayait de tous nous manipuler en jouant les victimes. Il n'y avait plus rien à attendre de lui.

Pauvre Emilie ! Elle voulait juste calmer les choses face à ce déchainement d'émotions de part et d'autre. J'en avais assez que tout le monde m'appelât pour me parler de Fred. J'ai fermé mon téléphone pour le reste de la journée.

Le soir quand j'ai terminé le travail, je suis allée directement chez Emilie. C'est alors qu'elle m'expliqua qu'elle avait appelé Fred dans la journée pour lui parler. Elle me dit qu'il était très poli et l'avait écouté courtoisement quand elle lui avait parlé de prendre ses responsabilités. Il semblait adhérer à ce qu'elle disait, elle lui avait même donné son numéro de téléphone et lui avait demandé de l'appeler en cas de besoin. Emilie était contente, elle se disait que c'était dans la poche. Il allait assumer ses responsabilités. Quand quelques heures plus tard, il l'appela en panique, lui demandant de me parler parce j'étais en train de tout gâcher. Elle se dit qu'il fallait qu'elle m'appelle. J'ai dit à Emilie que c'était du tout Fred. Vu qu'il n'avait plus personne à qui faire passer son baratin, ma sœur tombait à pic. De toute façon Fred après ces événements, n'allait plus se manifester sauf en présence de son amazone de femme.

Prudente face à la tournure des événements et craignant de me voir agressée physiquement par Ruth, Emilie me demanda de venir habiter chez elle pendant un certain temps. Le temps que les choses se calment. Il ne fallait pas que je reste seule.

Quand j'ai expliqué la situation à mon père au téléphone, il était rassuré d'apprendre que j'allais m'installer chez Emilie. Lui aussi avait peur que Ruth vienne m'agresser chez moi. Une femme trahie, me dit-il, peut s'avérer très dangereuse. Il se souvenait quand maman (sa femme) avait appris la grossesse de la maman d'Elga, notre benjamine, elle était devenue complètement hystérique et incontrôlable. Rien ne pouvait l'arrêter. Pour cette raison, il voulait même que je change de numéro de téléphone. Ce à quoi, j'ai répondu, qu'il n'en n'était pas question. Je n'allais pas me couper de mes amis qui m'appelaient sur cette ligne depuis des lustres juste parce qu'une folle furieuse ne supportait pas d'avoir été trompée par son gentil mari. Ce n'était quand même pas la seule femme au monde à être trompée. Elle avait dit elle-même qu'elle resterait mariée pour le meilleur ou pour le pire. Je garderai mon numéro tel qu'il était, répondis-je à mon père. Si elle s'amusait à m'appeler de façon intempestive, j'irais porter plainte pour harcèlement. Après tout on était dans un pays de droit et j'étais enceinte.

J'en ai parlé plus tard à ma cousine Sophie avec qui j'échangeais souvent à ce sujet. Elle aussi était inquiète de la tournure que prenaient les choses. Elle partageait l'idée que j'aille m'installer chez Emilie, le temps que les choses se tassent. Elle soutenait qu'il était mal avisé de rester seule dans des moments pareils. Même si je me défendais de ne pas avoir peur de la femme de Fred, elle pourrait m'agresser physiquement sans que je ne voie venir le coup et le mal serait fait.

Pour rassurer mon père et le reste de la famille qui suivait cette histoire de près, je lui dis que je resterai chez Emilie le temps qu'il faudrait.

15

Je ne restai chez Emilie qu'une semaine. Non pas que je n'appréciais pas d'être avec elle, mais avec Armand, son mari, l'ambiance n'était pas du tout ce qu'il fallait à une femme enceinte dans la tourmente. Je m'étais réfugiée chez Emilie pour retrouver un peu de paix. Les appels intempestifs de Ruth avaient fini par me mettre dans un état de stress qui n'était bon ni pour moi ni pour mon futur bébé. Je n'avais vraiment pas le cœur à supporter de passer du temps dans une atmosphère encore plus tendue que chez moi, susceptible de me générer encore plus de stress. J'avais besoin de calme. Alors je dis à Emilie que j'avais l'intention de passer quelques jours avec Delphine à Ivry. Elle comprit et ne m'en dissuada pas.

Quand j'expliquai à Myriam le feuilleton qui se jouait entre les Orsell et moi, que je ne pouvais pas rester plus longtemps chez Emilie, elle m'invita aussitôt à passer quelques jours avec Delphine et elle à Ivry pour m'éloigner de toute cette tension, sans me laisser le temps de lui demander si c'était possible. J'acceptai avec plaisir parce que je savais qu'avec Delphine je passerai mon temps à rire. Elle avait l'art et la manière de tourner les choses en dérision pour amuser son monde et aimait raconter des histoires drôles typiquement de chez nous que j'adorais et que seul un congolais pouvait comprendre. J'avais vraiment besoin de cette ambiance bonne enfant. Il me fallait du rire par ces temps troubles pour laisser passer cette grosse tempête qui soufflait sur le futur de mon bébé. Je me demandais si Fred allait continuer à fuir ses responsabilités et se contenter de n'être qu'un géniteur comme il l'avait prôné avant cette crise. En effet avant que les choses ne prennent cette tournure dramatique, il m'avait laissé entendre que ce bébé, il le voyait plus comme un cadeau qu'il me faisait. Il ne voulait pas s'investir en tant que père (il ne l'a pas dit expressément mais c'est ce qui perlait dans ses propos). Son intention en acceptant de se lancer dans cette aventure était de satisfaire mon désir d'enfant parce qu'il tenait à moi (trop généreux le monsieur !) et qu'on continue de se voir. J'avais du mal à le suivre. Je ne comprenais pas qu'on puisse tenir à une femme sans s'occuper du fruit de ses entrailles surtout quand ce fruit vous l'avez planté ensemble. Décidément, je m'étais complètement trompée sur ses intentions !

Emilie n'habitait pas loin de chez moi, seulement à quelques pâtés de maisons. J'allais souvent chez elle à pieds quand j'avais envie de me dégourdir les jambes. Je pouvais facilement en partant de chez elle me rendre au travail sans que mon trajet habituel ne soit rallongé et que ce soit trop épuisant dans mon état. Par contre Delphine et Myriam étaient trop loin de mon lieu de travail. Ivry n'était pas la porte à côté en transports en commun. Il me fallait alors demander un arrêt de travail si je voulais profiter tranquillement de mon séjour chez elle. C'est ce que je fis.

Je poursuivis ainsi mon exil chez ma copine Delphine qui est aussi la sœur de Myriam. En fait Delphine et Myriam sont mes amies d'enfance. Nous avons toutes les trois vécues dans le même quartier à Brazzaville quand j'étais encore au collège. Je devais avoir environ 12 ans. Notre amitié a perduré jusqu'à ce jour. C'est Delphine qui aurait dû être ma meilleure amie car c'est elle que j'avais connue en premier. Par la suite, elle m'avait présentée sa petite sœur, Myriam. Celle-ci et mon frère Christophe étaient tombés amoureux très jeunes. Ils ont fini par avoir un enfant ensemble une fois adultes. À ce jour ils sont mariés. Je me suis beaucoup rapprochée d'elle, puisque j'étais devenue sa confidente dès le début de son idylle avec Christophe.

Après une semaine chez Delphine et Myriam, il fallait reprendre le travail. Je suis rentrée chez moi estimant que Ruth avait eu le temps de se calmer. J'étais heureuse de me retrouver chez moi. La semaine suivante, je suis allée voir mon psy pour lui dire que je me sentais de mieux en mieux et que j'allais arrêter les séances. Il n'était pas du même avis que moi. Il m'expliqua que c'étaient les hormones qui me mettaient dans cette humeur guillerette. En effet, j'entamais mon deuxième trimestre de grossesse et je me sentais en pleine forme. Les nausées matinales et tous les autres malaises du début de grossesse avait disparu. J'aimais marcher, faire de longues promenades à pied dans mon quartier, aller dans les boutiques faire des achats pour le bébé. Je me sentais vraiment pleine d'énergie, c'est ce qui m'a poussée à me dire que je n'avais plus besoin de ces séances avec le psy. Ce dernier me mit en garde contre la chute des hormones après la grossesse. Je n'en avais cure. Je le remerciai et quittai définitivement son cabinet, certaine que je n'aurai plus jamais besoin de ses services.

Un jour que j'eus un malaise en rentrant du travail, j'allai voir mon gynéco. Celui-ci décida que je devais me reposer, mais comme j'étais encore loin du terme de la grossesse, il me signa un arrêt de travail qu'il reconduirait tous les 15 jours jusqu'à la date légale du congé maternité. Nous étions à la fin du mois de février et j'étais à 5 mois de grossesse. La dernière échographie avait montré un petit bonhomme. J'étais un peu déçue car je voulais une petite fille, surtout que j'avais déjà choisi le prénom. Ceci dit, c'était mon bébé d'amour. Je décidai que c'était l'homme de ma vie, mon petit gars à moi. Alors j'acceptai cette nouvelle de bon cœur. Désormais j'attendais un petit garçon.

Durant mon congé maladie, je décidai d'aller rester au Mans. Un jour alors que j'appelais mon employeur pour prévenir du prolongement de mon arrêt de travail, mon responsable m'annonça qu'une certaine Ruth Orsell avait appelé pour savoir si je travaillais encore. Elle s'inquiétait pour moi et voulait savoir si j'étais partie en congé maternité. Elle était vraiment prête à tout, cette bonne femme ! Pensai-je pendant que mon responsable me donnait l'information. Elle allait jusqu'à se faire passer pour une amie, juste pour m'atteindre ! Eh bien je devais lui faire passer des nuits blanches, à celle-là ! Heureusement que je ne travaillais pas, Dieu seul sait ce qu'elle aurait fait !

Je remerciai mon responsable puis raccrochai. Non sans un certain pincement au cœur. Que me voulait réellement

Ruth ? J'étais enceinte de son mari et alors ! J'avais compris qu'il ne voulait pas assumer ses responsabilités et que je serai seule à m'occuper de cet enfant. Cet homme pour moi n'existait plus. Il n'était désormais qu'un géniteur. Je ne comprenais pas l'acharnement de sa femme à vouloir à tout prix prendre de mes nouvelles. Que craignait-elle, une demande de pension alimentaire ? J'en avais bien l'intention pour la simple raison que je n'admettais pas que cet homme se permette d'entrer et de sortir de ma vie comme cela lui chantait. Cette fois son retour dans ma vie aura laissé une trace et il se devait de l'assumer. Ce n'était pas pour moi une forme de vengeance, c'était le juste retour des choses. Un enfant, on est deux pour le faire, on est deux pour l'assumer. Lui, s'il ne pouvait pas l'assumer physiquement parce qu'il était marié, je voulais qu'il l'assume moralement, en le reconnaissant, en lui donnant un nom. La pension alimentaire était secondaire. Je travaillais et je pouvais financièrement assumer mon enfant.

Ce qui m'importait c'est que mon enfant porte le nom de son père ainsi saurait qu'il a bel et bien un père, même s'il ne le verrait pas. J'étais issue d'une culture où un enfant qui n'avait pas le nom du père affiché sur son acte de naissance était très mal vu. Et je ne voulais pas du tout faire subir ça à mon fils. Et puis l'éventualité d'aller en justice pour réclamer la paternité de Fred sur mon futur bébé, c'était une façon pour moi de lui faire comprendre une fois pour toute qu'il ne pouvait pas indéfiniment s'amuser avec mes sentiments. Je me doutais bien qu'en dévoilant le pot-aux-roses à sa femme, j'avais perdu tout l'estime qu'il avait pour moi. Il m'avait toujours mise sur piédestal (tels étaient ses mots), moi la fille qui acceptait tout de lui sans jamais me plaindre et sans jamais le déranger dans son foyer depuis toutes ces années. Moi qui avait toujours voulu préserver son ménage, car je lui disais souvent « je suis pour la paix des ménages, Ruth n'en saura rien ». Oui Ruth n'en saurait rien à condition que lui se montre responsable, qu'il assume sa paternité, fût-elle en secret. L'ancien président Mitterrand n'a dévoilé l'identité de sa fille Mazarine que 17 ans après. J'ai même un bel oncle qui a caché pendant plus de 7 ans à sa femme, ma tante, qu'il avait un enfant avec une autre femme tout en assumant ses responsabilités vis-à-vis de cet enfant en secret. Aujourd'hui, ma tante et lui sont toujours mariés. Bien sûr que ce genre de découverte crée des tremblements de terre dans les couples mais ceux qui sont solides survivent. Leur couple n'était-il pas solide ? Que craignait-il ? Ce sont des choses qui arrivent. Il aurait trompé Ruth une fois de plus et ça aurait abouti à la naissance d'un enfant et alors ! Lui-même m'avait confié qu'il avait trompé sa femme plus d'une fois et qu'elle lui avait toujours pardonné. Sa femme accepterait un mari infidèle et n'accepterait pas l'éventualité que de ces infidélités naisse un enfant. Quelle absurdité !

Pour ma part, dès le moment que j'ai affaire à un homme infidèle et que je supporte la situation, j'accepte l'éventualité qu'il y ait enfant qui en sorte. L'enfant n'y est pour rien dans l'histoire, pourquoi lui en voudrais-je ? Bien au contraire j'encouragerai mon mari à assumer ses responsabilités et l'inviterai à être plus vigilant s'il ne veut pas passer sa vie à payer des pensions alimentaires. Apparemment Ruth ne voyait pas les choses de ce point de vue. Son mari était la pauvre victime d'une femme sans scrupule qui n'a pas hésité à avoir un enfant de lui tout en sachant qu'il était déjà marié (ce que j'assume pleinement). Et cet enfant qui allait arriver la gênait vraiment, donc il fallait faire quelque chose pour faire croire qu'il n'existe pas. Comme écrire une lettre dans laquelle je dis à son gentil mari que je ne suis pas enceinte de lui. Visiblement, ni Fred, ni elle ne comprenait rien à la joie de se sentir mère, de porter la vie en son sein. Pourtant Ruth avait deux enfants. Pensait-elle sérieusement que j'aurai écrit cette lettre reniant l'existence de mon enfant, qui bougeait déjà depuis quelques temps dans mon ventre me faisant à chaque fois sauter de joie, juste pour protéger le mensonge de son mari et son petit couple, qui ne semblait heureux qu'en apparence ? Elle devait vraiment être désespérée pour exiger ça de moi.

Admettons que j'aie écrit cette lettre, aurait-elle cru son mari suite à cela ? La paix serait-elle revenue dans son foyer ? Son mari aurait-il regagné sa confiance par la suite ? Je ne pense pas. Soupçonneuse, elle aurait fait tout son possible pour vérifier si l'information que je lui donnais par écrit était véridique. Tout comme elle le fait maintenant en appelant à mon travail, se faisant passer pour une amie, juste pour savoir si je suis absente pour congé maternité ou pas. Elle voulait vraisemblablement vérifier que j'étais enceinte. Et si par la suite elle s'était rendu compte que j'avais menti et que j'étais bel et bien enceinte de son mari, elle se serait servie de cette lettre contre moi, s'il me venait l'idée de réclamer une pension alimentaire. Eh oui ! Une femme trahie est prête à tout pour protéger son mari infidèle et pour se venger de la femme qu'elle croit être la cause de son malheur.

Deux mois plus tard, rentrée du Mans, alors que je discutais tranquillement avec ma voisine, celle-ci me confia qu'un couple répondant à la description de Fred et de Ruth, était venu chez moi un soir. Je lui demandais de me préciser à quelle période à peu près, elle me répondit que c'était vers le mois de janvier. Cela correspondait à la période où je m'étais réfugiée chez Delphine et Myriam pour calmer les choses. Cette nouvelle m'a mise hors de moi. Trop c'était trop ! Il fallait régler ce problème une fois pour toute. Ainsi Fred avait été incapable de calmer sa femme au point que celle-ci, non seulement appelait à mon boulot pour tenter de semer la zizanie sur mon lieu de travail, mais en plus, elle l'avait obligé à débarquer chez moi à l'improviste. J'en avais assez de subir les intrusions de cette femme dans ma vie, aussi bien privée que professionnelle. Que me voulait-elle à la fin ? J'appelai mon oncle Florent à la rescousse. Il vivait en région parisienne. Il serait plus facile pour lui de se déplacer plutôt que mon jeune oncle du Mans. Peut-être qu'entre hommes, il parviendrait à lui faire entendre raison. Je lui expliquai la situation et lui donnai le numéro de téléphone de Fred.

Dès le lendemain, il l'appela et lui dit qu'il voulait le rencontrer. Très poli, Fred lui répondit qu'il le rappellerait pour lui donner la date et le lieu du rendez-vous. Une semaine se passa sans nouvelle du bonhomme. Mon oncle le relança, égal à lui-même, toujours calme et très poli, il lui promit une seconde fois qu'il le rappellerait. Le même scénario se reproduisit, monsieur garda le silence pendant une semaine. La troisième fois mon oncle lui posa un ultimatum ; puisqu'il ne voulait pas coopérer, lui-même se déplacerait pour rencontrer sa femme à son lieu de travail et peut-être qu'ensemble ils trouveraient une solution. Ruth travaillait à la mairie de leur domicile, elle serait facile à trouver. À ces mots, sentant poindre le danger, il promit de le rappeler dans la journée pour lui dire quel jour il serait disponible. Il tint parole, mais voulut que la rencontre se passât chez moi. Mon oncle me rappela un mercredi pour m'annoncer que dimanche Fred viendrait le rencontrer chez moi à 15 heures. Je me sentais soulagée, cette histoire allait être réglée une fois pour toute. Je saurai si Fred était le lâche qui m'avait abandonnée pour sauver son couple, ou bien s'il redeviendrait l'homme que j'aimais et que j'estimais au point de vouloir un bébé de lui.

Le dimanche à 14 heures, j'appelai Emilie pour lui dire de venir me tenir compagnie parce que je ne voulais pas être toute seule avec Fred s'il débarquait. Même si je l'aimais encore, je n'avais aucune envie de me retrouver face à face avec lui. Je nourrissais un certain ressentiment à son égard du fait de sa lâcheté.

Un quart d'heure plus tard Emilie se pointa avec Sophie. Celle-ci était venue se faire des tresses. À 14 heures 30, oncle Florent arriva à son tour accompagné de Mariette. Je ne m'attendais pas à la voir. Cela faisait environ un an qu'elle avait quitté le Congo pour s'installer en France et je ne la voyais que très rarement. Elle avait élu domicile chez oncle Florent, ce qui expliquait sa présence ce jour-là. Nous étions donc 5 à attendre monsieur Orsell. C'était un vrai comité d'accueil improvisé.

Vers 15 heures 15 on sonna, oncle Florent décida que c'est lui qui allait ouvrir. Il m'intima gentiment l'ordre de rester là où j'étais. Avec mon gros ventre (j'étais à environ 6mois de grossesse) il n'était pas question de m'exposer au stress de cette rencontre. Nous restâmes dans le studio toutes les quatre à attendre l'issue de la discussion. Au bout d'une vingtaine de minutes, on entendait des éclats de voix à l'extérieur. Apparemment c'était une voix de femme. Elle vociférait des grossièretés à mon encontre sans se soucier du voisinage ni de la personne en face d'elle, je veux parler de mon oncle. Dans cette histoire, il faisait office d'une figure paternelle, même s'il n'était pas assez vieux pour être mon père. Oncle Florent était le plus jeune frère de mon père. Il avait 42 ans, à peine 10 ans de plus que moi. Ruth n'en était pas à ces considérations d'autorité. Tout ce qui l'intéressait c'était déverser son venin. Elle criait aux quatre vents :

- Segy ne savait pas qu'il était marié quand elle s'envoyait en l'air avec mon mari ? Je veux la voir. Où est-elle?

- Vous ne la verrez pas. Disait mon oncle calmement évitant de tomber dans le piège de la joute verbale.

- Mon mari m'a toujours trompée et me trompera toujours. Segy n'aura rien de lui !

Fred quant à lui, on ne l'entendait même pas. On aurait dit qu'il était absent de la discussion. Dans le studio où nous étions, nous éclatâmes de rire en entendant cette dernière phrase. Son mari l'a toujours trompée, alors pourquoi venait-elle faire son cinéma dans une discussion où elle n'était pas invitée ? Cette dame devait être un drôle de numéro ! Emilie la première eut envie de satisfaire sa curiosité et alla voir qui était cette drôle de dame qui s'exprimait avec un tel écart de langage. Il faut dire que dans la famille nous évitons ce genre de grossièreté même quand nous sommes en colère. Elle revint une minute plus tard nous confirmer que c'était Ruth Orsell. Elle avait tenu à accompagner son mari. En fait, l'entretien ne se passait pas entre Fred et mon oncle comme prévu au départ, mais avec « madame ». Emilie repartit prendre part à la discussion. Comme elle connaissait bien mon histoire avec Fred, elle voulait faire entendre raison à la femme. Rien à faire, elle était emportée dans un verbiage grossier et vulgaire qui trahissait le degré de sa fureur. C'est alors que Mariette sortit à son tour pour aller voir. Elle est revenue quelques minutes plus tard, s'adressant à moi en congolais, pour bien me faire comprendre la gravité de la situation et l'intérêt que j'avais à garder mon calme. Elle me dit : « occupe-toi uniquement de ce que tu as dans le ventre, la dame dehors c'est du vent. » Elle avait employé un ton autoritaire marquant le souci qu'elle avait de me garder loin des griffes de cette furie. Malgré mon gros ventre, j'ai bondi de là où j'étais avec la ferme intention de dire à cette folle furieuse ma façon de penser. Mariette me barra le passage de tout son long. Impuissante devant cette barrière de sécurité humaine, je me rassis ravalant ma frustration. Ça m'énervait. Pourquoi nous les femmes, étions aussi bêtes ? C'est l'homme qui nous trompe, mais c'est nous qui nous battons contre la « rivale ».

Ensuite c'était au tour de Sophie d'aller voir. Quand Ruth vit Sophie pointer son nez, elle baissa un peu le ton, marqua son étonnement et dit : « vous êtes nombreux ! » Peut-être que ce n'est qu'à ce moment qu'elle se rendit compte que même si je vivais seule, j'étais bien entourée. Oncle Florent lui répondit qu'on était une grande famille. À cela elle rétorqua piqué au vif : « nous aussi nous sommes une grande famille ! » comme si mon oncle avait voulu la rabaisser. Au final, madame nous fit comprendre que son mari n'allait ni reconnaître l'enfant, ni payer une pension alimentaire. Mon oncle conclut qu'on allait se retrouver au tribunal car dit-il :

- Ma nièce est déterminée à aller jusqu'au bout

- Eh bien ! Où est-elle ? Pourquoi je ne peux pas la voir ? hurlait Ruth aux abois, comme s'il fallait à tout prix qu'elle me voit.

- Vous la verrez au tribunal, madame. Répliquèrent en chœur Mariette et Emilie qui jusque-là étaient imperturbables face à ses invectives

- Mais elle ne sera plus enceinte à ce moment-là ! répondit Ruth l'air désespérée.

- Normal, elle aura un bébé dans les bras ! répondirent de nouveaux mes sœurs, l'air de se dire, elle va bien cette femme ?

Ruth ne sut plus quoi répondre face à ce mur de femmes qui se dressait devant elle. Mon oncle décida de clore la discussion. Une fois le couple parti, il vint me faire le compte rendu. Il me rapporta un détail qui en disait long sur Fred. Pendant tout le temps qu'avait duré l'entretien, monsieur ne disait rien, mais arborait un petit sourire en coin, du genre « je laisse ma femme se ridiculiser, moi je suis le gentil ». On aurait dit un petit garçon malicieux que sa mère vient défendre envers et contre tous, alors que c'est lui le fautif. Quant à ma sœur Emilie, elle rapporta que Fred lui fit l'impression d'un homme cynique et sans scrupule, capable d'étouffer sa femme sous l'oreiller pour défendre ses intérêts. J'allais m'en rendre compte beaucoup plus tard.

Puis, Oncle Florent et Mariette décidèrent qu'ils avaient des choses à faire et prirent congé. Je les raccompagnai à la porte curieuse de voir si les Orsell trainaient encore dans les parages. Ils étaient déjà partis. J'embrassai oncle Florent et Mariette puis rentrai retrouver Emilie et Sophie qui m'attendaient à l'intérieur. Quelques minutes après leur départ, Emilie qui faisait des tresses à Sophie était restée chez moi pour me tenir compagnie jusqu'à la fin des tresses. C'est alors qu'on sonna à la porte. Nous nous regardâmes toutes les trois, qui cela pouvait bien être ? Emilie alla répondre.

- Qui est là ? demanda-t-elle ?

- C'est Fred. Répondit une voix masculine

- Qu'est que tu veux ? demanda Emilie avec mépris. Cet homme avait baissé dans son estime et n'était plus le bienvenu chez nous et dans ce genre de cas Emilie était très douée pour ne jamais faire de cadeaux à ce genre d'individu.

- Je veux voir Segy.

- Je ne t'ouvre pas. Finit-elle par répondre d'un ton péremptoire qui ne laissait place à aucun doute quant à ce qu'elle pensait de son désir de me voir.

À cette réponse aussi cinglante que directe, Fred n'insista pas. On l'entendit juste dire à quelqu'un qui visiblement devait être Ruth, « Tu vois ! » comme pour prouver à cette personne qu'elle avait eu tort de le pousser à revenir sonner chez moi, juste parce qu'elle voulait à tout prix me voir. Encore une preuve qu'on avait affaire à un petit garçon obéissant face à sa mère. Mais cela ne nous concernait plus, ils avaient compris qu'ils n'avaient rien à faire chez nous.

Une fois certaines que les Orsell ne reviendraient plus, nous discutâmes de l'éventualité de trouver un bon avocat qui pourrait me défendre dans le procès que j'allais sans nul doute intenter à Fred après la venue du bébé. Sophie me dit qu'elle connaissait un as du barreau qui se ferait le plaisir de me défendre mais qu'il fallait payer le prix car ses honoraires étaient assez élevés. Je lui dis que pour mon fils, j'étais prête à tout.

Pour le reste, j'ai passé toute seule ma grossesse. Tous les mois, Ruth faisait son cinéma en me faisant appeler par sa belle-sœur pour savoir si j'étais toujours enceinte. Vu ces attaques incessantes sur ma grossesse, tous les matins je redoublais d'ardeur dans mes prières. Je récitais les psaumes comme maman me l'avait conseillé de le faire. Elle m'appelait presque tous les jours pour prendre mes nouvelles. Comme c’était son premier petit fils, elle tenait à ce que tout se passe bien. Elle m’exhortait à la prière et me donnait tous les numéros de psaumes de protection à réciter. La situation avec Ruth l’inquiétait beaucoup, pourtant elle m’encourageait de son mieux. De toute façon, me disait-elle, que Ruth le veuille ou pas cet enfant allait naître.

On en riait souvent avec Emilie quand on évoquait la sorcellerie chez les béninois. Le Bénin était célèbre pour sa pratique du vaudou. Les béninois étaient craints par de nombreux congolais en matière de sorcellerie. Leur fief de Boyicon, était soi-disant réputé pour avoir des grands sorciers. Emilie avec beaucoup d’humour disait en imitant l’accent béninois :

- Même le marabout lui-même, il va dire à Ruth « Ah madame ! le cas-là, c’est compliqué dè ! le petit ya na trop puissant, on ne peut rien fai’. Faut laisser tomber madame ! » Le marabout lui-même, il va refuser de prendre l’argent, le petit est trop protégé !

Concluait-elle d’un ton moqueur, et on partait dans un éclat de rire, dignes des bonnes mégères que nous étions en ce moment-là.

Ah mieux valait en rire ! Cette histoire avait pris des allures d’un feuilleton à rebondissement. Ruth se calmait un temps, puis revenait à la charge par un appel intermittent. Tous les mois depuis la lettre anonyme, j’avais droit à un appel intempestif de sa part où elle venait s’enquérir de mon état. Elle assurait le suivi (normal, elle était secrétaire de métier). Sa question était toujours la même « vous êtes toujours enceinte de Fred ? ». Soit je répondais « oui », soit je raccrochais sans même prendre le temps de lui répondre. On aurait dit qu’elle espérait qu’en cours de route, je fasse une fausse couche ou que sais-je ? Mais c’était peine perdue, cet enfant était un enfant béni des dieux qui avait choisi l’amour pour venir en mon sein. Il ne pouvait que continuer son voyage. Tous les jours je lui parlais avec amour et je lui rappelais qu'il était aimé. Qu'il y avait une grande famille qui attendait avec impatience sa venue. C'était le bébé de l'amour et j'étais certaine que mes prières créaient une barrière de protection autour de lui contre les assauts de Ruth. Elle ne pouvait rien contre nous.

C'est vrai qu'entre mes prières, les prières de maman, de papa et de mes tantes à Pointe-Noire qui attendaient depuis longtemps que j'aie un bébé, à Boyicon, ils étaient mal barrés, au cas où Ruth les avait sollicités. Cet enfant allait naître. Un jour papa m'a appelée et je lui avais confié qu'avec tout ce qui se passait autour de la grossesse, je voulais changer le prénom du futur bébé. Au lieu de Taliane (Espoir) je voulais l'appeler Lioyikane (Désiré) en Vili, dialecte de la tribu dont je suis issue au Congo. Car cet enfant, je l'avais tellement désiré que j'étais prête à le protéger envers et contre tous. Papa me répondit vivement : « Ah non ! Dans mes rêves et mes prières quand je vois mon petit-fils, c'est Taliane que je vois. » Cet enfant était tellement attendu que son grand-père le voyait déjà dans ses rêves. Ruth avec ses attaques intempestives ne pouvait rien.

À l'approche du terme de grossesse, environ deux semaines avant l'accouchement, Mariette vint s'installer chez moi pour m'assister. Un jour que nous discutions tranquillement, le téléphone sonna. Je répondis. Au bout du fil, j'entendis une voix que je reconnus immédiatement (encore une fois !) « Bonjour, c'est Ruth Orsell ». Je raccrochai immédiatement en proie à une vive agitation. Jusqu'à la fin, cette bonne femme ne voulait pas me lâcher ! Elle ne pouvait pas faire comme son mari qui m'avait complètement sortie de sa vie et qui ne voulait même pas entendre parler de mon enfant ?

Je me souviens de la réponse glaciale qu'il m'avait faite récemment quand j'ai tenté de l'appeler à son travail pour lui faire entendre raison et éviter de régler cette affaire devant les tribunaux. Il a pris le ton le plus dédaigneux qu'il pouvait avoir pour me dire que cet enfant était le mien pas le sien et que je pouvais aller devant le Juge si je voulais, il s'en fichait. J'étais fixée. Fred ne voulait plus du tout entendre parler de nous. Cette fois-ci, je ne risquais plus de le voir revenir après 5 ans d'absence me faire les yeux doux. Au bout du fil, j'avais un parfait inconnu avec une telle froideur dans la voix que je me demandais si c'était le même homme avec lequel j'avais conçu ce bébé que je portais en mon sein et qui allait voir le jour bientôt. Pour moi, son attitude prouvait à quel point il se sentait blessé que je n'ai pas continué à jouer le jeu de la fumisterie dans lequel il m'avait impliquée depuis des années. J'étais donc banni à jamais de sa vie. Curieusement, j'étais soulagée de le voir se comporter ainsi, je n'aurai donc aucun état d'âme à lui intenter un procès en recherche de paternité. Il voulait la guerre, eh bien il allait l'avoir ! La guerrière en moi était prête.

Quant à l'autre guerrière qui partageait la vie de Fred, l'amazone nommée Ruth, elle rappela de nouveau. C'est Mariette qui répondit cette fois. Je m'attendais à ce qu'elle lui dise fermement de ne plus appeler et qu'elle raccroche aussi vite. Au lieu de ça, elle semblait vouloir lui prêter son écoute. Il semblait qu'elle voulait que je renonce à réclamer une pension alimentaire à son mari et que je me contente du soutien accordé par la caisse d'allocations familiales aux mères isolées. Elle ne comprenait vraiment rien à rien, me disais-je furieuse. Elle ne voyait pas qu'elle ne m'intéressait pas du tout ! Elle et ses tentatives désespérées de me sortir de l'existence de son mari n'avaient aucun effet sur mon intention d'aller jusqu'au bout de cette affaire. J'attendais juste le temps que mon bébé vienne au monde. Puis je me ferais un plaisir de m'occuper d'elle et de son mari devant le juge.

Mariette semblait s'éterniser au téléphone, à vouloir lui faire entendre raison avec le calme qui la caractérisait. À l'instar du jour où, quelques mois plus tôt, Ruth est venue déverser son fiel chez moi. N'en pouvant plus de rester là à l'entendre discuter de la responsabilité de Fred dans cette affaire que je savais très hypothétique, je lui arrachai le téléphone des mains et m'adressai à Ruth en ces termes que je voulais assez violents pour qu'elle n'appelât plus jamais chez moi :

-Madame, votre mari, je ne l'ai pas violé, je ne l'ai pas attaché, ni mis un revolver sur la tempe pour qu'il me fasse un bébé ! Vous allez arrêter de me harceler. Compris ?

À l'autre bout du fil, apparemment ravie de me voir enfin sortir de ma réserve, elle rétorqua :

-Oui, c'est ça, criez, criez !

On aurait dit Karaba la sorcière dans *Kirikou,* heureuse d'avoir récupéré le chapeau qu'elle pensait magique. Elle prenait vraiment plaisir à me voir sortir de mes gonds. Je raccrochai. J'étais furieuse. Mariette ne sut que dire.

16

Les appels intempestifs de Ruth tous les mois pour vérifier si j'étais toujours enceinte m'avaient fait croire qu'elle voulait me voir perdre mon bébé. Je me disais intérieurement qu'elle avait dû demander à je ne sais quel marabout de l'éliminer dans mon ventre et le seul moyen qu'elle avait de savoir si le travail était fait, c'était de prendre des nouvelles de ma grossesse, en se faisant passer soit pour mon amie au boulot, soit en demandant à sa belle-sœur de m'appeler au prétexte que la mère de Fred s'inquiétait ou encore elle m'appelait quand visiblement personne dans son entourage ne voulait la suivre dans son obstination à vouloir savoir où en était ma grossesse. Toutes ses tentatives pour m'atteindre m'avaient vraiment laissée croire qu'elle en avait après mon bébé à naître. Fred qui était directement concerné s'en fichait royalement. Je trouvais donc suspect que ce soit elle qui prenne cette affaire à cœur. Alors, j'avais redoublé de vigilance. Je m'enfermais à double tour quand j'étais chez moi et je ne sortais jamais sans mon bâton.

J'avais pris un manche à balai en bois que j'avais transformé en espèce de canne pour marcher. En plus de m'appeler « la grosse » (c'était bien la seule fois que j'appréciais ce vocable pour me désigner), mes sœurs se moquaient de moi en disant que je ressemblais à une vieille mamie avec mon bâton. Je m'en fichais. Non seulement ce bâton soulageait mon dos meurtri par le poids de mon bébé (le médecin m'avait dit qu'il allait être un gros bébé) mais en plus en cas d'attaque de l'ennemi, j'étais armée répliquais-je, ironiquement à ces méchantes mégères. Je priais tous les jours matin et soir pour que mon bébé soit en bonne santé. Surtout les psaumes. Je récitais aussi de longues litanies sur les saints et la Sainte Vierge Marie que je tenais d'un livre de prières que m'avait donné un ami abbé. C'était un ami de la famille que ma mère connaissait bien au Congo. Comme elle se souciait de mon état, elle lui avait demandé de venir me voir lors de son passage en France. C'est alors qu'il m'avait donné ce livre de prières et m'avait assuré qu'il m'aiderait dans des périodes difficiles. D'ailleurs, le livre était intitulé *Prières pour les périodes difficiles.*

En tant qu'africaine, j'avais conscience de la pratique de la sorcellerie pour nuire à autrui. Les gens consultaient souvent des marabouts pour se venger de leurs ennemis ou du moins de ceux qu'ils considéraient comme tels. J'étais donc très vigilante à ce sujet. Non pas que j'en avais peur, mais je savais que c'était une réalité en Afrique qu'il ne fallait pas nier et en particulier au Bénin. Je préférais par conséquent être très prudente. Evidemment le seul moyen de parer à ce genre d'attaques des ténèbres, à cette magie noire, c'était la prière et la puissance de l'esprit. Je veux dire son propre esprit. Et je le savais. Je me suis toujours élevée contre ceux qui vantaient cette soi-disant puissance des sorciers africains et qui en avaient peur. Je leur faisais remarquer que si la sorcellerie en Afrique était aussi puissante qu'on le disait, jamais les africains n'auraient été colonisés ni n'auraient subi l'esclavage. Il aurait suffi aux sorciers de jeter des sorts à l'envahisseur. L'histoire nous démontre que ce ne fut pas le cas. En tout cas s'ils l'ont fait, cela n'a pas dû fonctionner. Ce qui montre bien qu'il y a quelque chose de plus puissant que la sorcellerie. C'est la détermination.

J'étais déterminée à mener ma grossesse à son terme et pour cela j'avais le pouvoir de la prière. Ce qui fait que pendant toute ma grossesse, je n'ai jamais lâché ma Bible. Je crois que j'avais dû lire tout le livre des psaumes en ce temps-là. Je me réveillais très tôt le matin vers 6 h, je dormais aussi très tôt vers 20 h au plus tard 21 h 30. Je priais pendant 2 h. Puis j'allais prendre ma douche et prenais mon petit déjeuner. Ensuite, je me mettais devant la télé à regarder *Les maternelles* sur ARTE où on y donnait des conseils avisés aux parents pour l'éducation des enfants. Le reste de la journée, je le passais dans mon lit à lire des magazines de naissances ou à regarder la télé ou à faire de longues siestes. Parfois je sortais faire une balade après la sieste vers 17 h pour m'aérer l'esprit.

Tout mon congé prénatal s'est passé entre prière, télé, lecture de magazines, longues siestes et petites ballades dans le quartier pour me dégourdir les jambes et prendre l'air et bien entendu, les visites chez mon gynéco. Tous les mois, mon médecin me faisait passer une échographie et c'était drôle de voir mon bébé bouger. Il avait l'air de bien s'amuser et il suçait son pouce (ce qu'il continue de faire jusqu'à ce jour). Je me souviens le jour où le médecin m'a dit que c'était un garçon. Devant mon air à la fois surpris et sceptique, le médecin insista sur les zones sexuelles du bébé, me décrivant avec précision chaque partie. C'est à ce moment que ce petit coquin, pour me prouver qu'il était un petit bonhomme, a fait un gros pipi et le docteur de s'écrier « regardez madame, il fait pipi, vous voyez bien que c'est un garçon ! On voit son zizi ! » Oui, on voyait bien son zizi. Mais moi ce que je voyais surtout c'était un petit coquin sans inhibition qui n'avait aucun souci à exhiber son sexe. Il me faisait surtout penser à Manneken-Pis à Bruxelles, à la différence que celui-ci était dans mon ventre. Mon petit bonhomme qui fait pipi dans le ventre de sa maman. C'était trop mignon !

Comme je l'ai dit tantôt, deux semaines avant le terme, Mariette vint me tenir compagnie pour que je ne sois pas seule le jour où je perdrais les eaux. Même si Emilie habitait à côté, elle avait une famille. Son mari Armand et mon neveu de 5 ans réclamaient toute son attention. Mariette qui n'avait pas ce genre de charge était plus disponible.

Le terme de ma grossesse était prévu pour le 5 août. J'ai eu mes premières contractions en début d'après-midi ce jour - là, sans pour autant perdre les eaux. J'ai demandé à Mariette d'appeler le SAMU. Les agents du SAMU sont arrivés quelques minutes plus tard et m'ont amenée à la clinique où j'avais prévu d'accoucher, à Nogent sur Marne. Mais c'était une fausse alerte. Mon obstétricien, le docteur Brune n'étant pas de service à l'hôpital ce jour-là, on me demanda de rentrer chez moi. Emilie et Armand sont venus me prendre en voiture 1 heure plus tard. Une fois chez moi, j'ai appelé le cabinet du docteur Brune. Celui-ci a tout de suite voulu me voir. Après m'avoir examiné et détecté la cause des contractions, il décida qu'il fallait m'hospitaliser dès le lendemain le 6 août pour me garder en observation. Il ne voulait pas que l'incident de l'alerte se reproduisît car cela constituait un risque de complications pour le bébé.

Le lendemain suivant les instructions de docteur Brune, je pris toutes mes affaires pour me rendre en fin d'après-midi à l'hôpital. Emilie et Armand étaient là pour m'y conduire. Mariette quant à elle estimait qu'elle n'avait aucune raison de venir puisqu'on allait m'hospitaliser, elle viendrait le lendemain.

Je devais attendre à l'hôpital que le bébé se décide à sortir de lui-même puisque le terme était passé. Je plaisantais avec Emilie en lui disant que ce serait drôle si Taliane décidait de venir au monde le 8 août. Il naîtrait le même jour que Ruth. Je l'avais lancé comme une boutade, sans m'imaginer que c'est ce qui allait réellement se passer. Encore une pensée créative !

Le lendemain matin 7 août, je suis allée en salle de travail, mais il ne se passait pas grand-chose, pas de contractions violentes, pas de col ouvert, du moins pas suffisamment et j'avais encore ma poche des eaux. Tout se passait comme si Taliane avait décidé qu'il allait attendre encore un peu avant de venir au monde. J'avais passé toute la journée en salle de travail à attendre la venue de mon bébé en vain. En fin d'après-midi, l'infirmière en charge me demanda de repartir dans ma chambre.

Le 8 juillet au matin, le docteur Brune vint me voir et me lança : « madame Sanchaud, aujourd'hui c'est le grand jour ! Nous sommes au troisième jour après-terme, si le bébé ne sort pas de lui-même, nous irons le chercher cet après-midi ! ». En gros ça voulait dire que j'allais accoucher par césarienne. Vers 10 heures, j'allais en salle de travail. Emilie est arrivée vers 11 heures. Je lui annonçai que j'allais accoucher par césarienne. Elle ne semblait pas effrayée par la nouvelle car elle-même avait accouché par césarienne et tout s'était très bien passé.

Elle m'informa que les parents au Congo attendaient avec impatience la nouvelle de la venue de Taliane. Elle les avait rassurés. Pendant ce temps, je trouvais que le bébé bougeait beaucoup. Etait-ce normal ? L'infirmière me rassura que tout allait bien, je n'avais aucun souci à me faire. C'était tout à fait normal de voir un bébé bouger jusqu'au jour de l'accouchement. Cela contredisait ce que j'avais pu lire dans les magazines de naissance. On disait qu'à l'approche du terme le bébé cessait de bouger parce qu'il était à l'étroit d'où l'envie de naître. Si c'était normal qu'il bouge ainsi, tant mieux ! J'étais rassurée.

Emilie me tint compagnie jusqu'à 13 heures. Elle revint vers 15 heures en compagnie de Mariette pour assister à la venue de Taliane. Docteur Brune avait annoncé qu'il fallait qu'on me prépare pour la salle d'opération vers 17 heures. J'allais enfin voir mon bébé. Ce petit coquin de bébé ! Il avait choisi de naître le 8 août, comme pour donner raison à la vie et faire un pied de nez à Ruth qui cherchait à lui nuire pendant qu'il était dans le sein de sa mère. J'exultais. Cette Ruth, chaque fois qu'elle fêterait son anniversaire se rappellerait que son « mari chéri » avait fait un enfant à une autre femme et se demanderait ce jour-là, s'il pensait à elle ou à cet enfant dont elle voulait nier l'existence. Tous les 8 août mon bébé serait présent en esprit à sa fête d'anniversaire. C'était bien fait pour cette méchante sorcière ! On ne se moque pas de Dieu ! Pensai-je. Je me suis dit que mon bébé était vraiment un petit sorcier lui aussi. Et mon gentil petit sorcier à moi avait battu la méchante sorcière Ruth qui ne voulait pas qu'il vienne en ce monde. J'étais la femme la plus heureuse. Ma vie était à jamais unie à celle de Fred pour la vie par ce bébé. Peu m'importait qu'il ne fût pas là pour célébrer cet heureux événement. Le bébé de l'amour était né envers et contre tous à 17 h 45. En plus, il était le portrait craché de son père. Fred en le voyant ne pourrait pas nier que ce fut son fils. Il avait tout pris de lui. De la salle de réveil où j'étais, j'entendais mes sœurs discuter :

- Il ressemble à Fred, c'est vraiment son portrait craché ! disait Emilie.

- Non il ressemble à Alex. Disait Mariette. (Alex c'est mon petit frère, lui et moi nous nous ressemblons beaucoup).
- Je te jure qu'il ressemble à Fred, tu ne vois pas ses yeux, son nez ? insistait Emilie.

- Il ressemble à Alex, je te dis, et même à papa ! répliquait Mariette.

Je les entendais discuter ainsi à trouver à qui ressemblait ce nouveau venu dans la famille Sanchaud, et moi je ne pouvais pas encore le voir, ni le toucher car j'étais encore abrutie sous l'effet de l'anesthésie. Bien sûr, je l'avais vu juste après qu'on l'ait sorti de mon ventre. L'infirmière avait eu la gentillesse de me le montrer avant de l'emmener prendre un bain. Je n'avais même pas pu déterminer à qui il ressemblait. J'avais juste remarqué son regard vif car il avait les yeux grands ouverts pour un nouveau-né. Le plus important était qu'il était le fruit de mes entrailles et j'étais heureuse de le voir enfin. Simplement, je ne pouvais pas le prendre dans mes bras. J'avais les bras en croix, comme le Christ, sauf qu'au lieu de me crucifier pour m'ôter la vie, on m'avait ouvert le ventre pour donner la vie. Je l'entendais juste pleurer à côté pendant qu'on lui donnait son bain et lui administrait ses premiers soins. Je savais que tout allait bien et j'étais pleine de gratitude.

Après la salle de réveil, on me ramena dans ma chambre. Il était presque 22 h et mes sœurs étaient déjà reparties. J'étais seule dans ma chambre. Je demandais de voir mon fils. L'infirmière me l'emmena. En le voyant, je ne pouvais m'empêcher de penser que c'était le plus beau bébé du monde. Il était exactement comme je l'imaginais. Il faisait plus de 4 kilos, avait la peau claire et des cheveux. Je trouvais qu'il ressemblait à Fred. Ce n'était pas étonnant. Chez nous au Congo, on dit souvent que les bébés que les papas renient ont la fâcheuse manie de vouloir leur ressembler à la naissance. Ce n'est pas pour rien. Ils ont certainement quelque chose à prouver. Ce qui était sûr c'est que mon bébé avait prouvé qu'il voulait vivre et plutôt deux fois qu'une, vu son poids.

17

Quand Ruth et Fred sont repartis ce fameux jour où oncle Florent l'avait convoqué, il fut décidé que dès le lendemain, j'irai consulter un avocat. Emilie me conseilla d'aller voir l'avocat congolais que j'avais sollicité lors de l'incident avec mon employeur au début de ma grossesse. Dès le lendemain, j'y allai. Je fus un peu déçue de son attitude. Au cours de l'échange que j'ai eu avec lui, il semblait prendre parti pour ce lâcheur de Fred. Il m'a lancé cette phrase assassine qui me dissuada de l'engager : « madame si vous aviez joué le jeu, vous n'en seriez pas là. » Bien qu'il semblât se raviser par la suite, comprenant que je n'avais pas apprécié son commentaire à mon sujet, j'avais dès lors conclu qu'il ne me défendrait pas dans cette affaire. Je voulais un avocat pas un juge. Surtout quand ce juge semblait défendre un homme qui refusait d'assumer ses responsabilités, juste pour préserver son foyer. C'était quelque chose que je ne pouvais tolérer.

Rentrée chez moi, j'en parlais à Emilie. C'est elle qui m'avait présentée à cet avocat. Il était célèbre dans le milieu congolais à cause de ses coups d'éclat pour défendre les sans-papiers congolais. Visiblement, il n'était pas doué en matière de droit de la famille. Emilie me conseilla d'appeler Sophie afin qu'elle me donnât le numéro de l'avocat dont elle m'avait parlé le jour de la rencontre avec les Orsell. Sophie promit de m'appeler le lendemain pour me communiquer ses coordonnées. Elle m'appela effectivement et me dit que celui qui l'avait défendu n'était pas compétent en matière de droit de la famille, mais lui avait transmis le numéro d'un confrère qu'elle me communiqua aussitôt.

J'appelai à mon tour ce fameux avocat, as du barreau, cette fois-ci un français. Sa secrétaire me donna rendez-vous pour la semaine suivante. Le jour du rendez-vous, j'arrivai en retard car j'avais sous-estimé la distance entre Versailles et Vincennes. Sans égard pour mon état (j'étais quand même à 7 mois de grossesse et j'avais un gros ventre, tout le monde croyait que j'allais accoucher bientôt ou que je portais des jumeaux), la secrétaire, une dame d'un certain âge, tout en se montrant très aimable, en bonne professionnelle me fit comprendre qu'elle ne pouvait pas déranger son patron en plein rendez-vous. Il fallait que je revienne deux jours plus tard. Je rentrai chez moi bredouille après avoir fait deux heures de transports en commun. Quand je pense que le docteur Brune m'avait arrêtée prématurément pour m'éviter les transports trop longs pour aller travailler ! Toutefois, j'étais contente, vu l'endroit où était situé le cabinet (Versailles) et le professionnalisme de la dame, j'étais sûre d'être tombée chez des gens sérieux.

Je revenais deux jours après. Cette fois, je pris le soin d'arriver à l'heure. L'avocat me reçut dans son cabinet. Il était très chaleureux. Il avait la tête du bon français bourgeois. Il était très grand de taille, mince, sa moustache très longue et recourbé vers le haut faisait penser à celui des aristocrates anglais. Malgré sa moustache, il n'avait pas l'air vieux. Environ 45 ans tout au plus. On sentait qu'il appartenait à ces grandes familles de France qui avaient tout pour eux. Le bureau était très spacieux avec des meubles en bois massifs, des dossiers empilés sur la table sans qu'elle soit encombrée. Ça devait être des dossiers urgents. Il m'invita à m'asseoir et me demanda de lui raconter mon histoire. Il m'expliqua ce que je devais faire, me demanda de rassembler toutes les preuves de la relation que je pouvais avoir en ma disposition. Il me dit de garder toutes les factures des dépenses que je faisais pour le bébé, cela servirait pour fixer le montant de la pension alimentaire. Il me demanda de revenir le voir après la naissance du bébé pour lancer la procédure et si j'avais des questions je pouvais l'appeler, mais il fallait prendre un rendez-vous téléphonique avant. À la fin, il me raccompagna à la porte et m'invita à passer par son secrétariat pour ouvrir un dossier. Ce que je fis. La secrétaire me demanda de régler 50 euros la consultation. Puis je rentrai chez moi.

J'étais ravie. Cet avocat m'inspirait vraiment confiance. Le week-end suivant, ma cousine Odile vint me voir. Elle venait d'Orléans, où elle avait trouvé à se loger plus facilement qu'en région parisienne. Elle aussi attendait un bébé. Je lui racontai la situation. Je lui dis que parmi les preuves que j'avais de ma relation, il y avait des mails que nous échangions Fred et moi. Elle me dit de les imprimer le plus rapidement possible, si je ne voulais pas en perdre la trace. Vu la mauvaise foi de Fred, tout laissait croire qu'il était capable de faire disparaître ces mails en piratant mon compte Yahoo. À cette époque, internet était encore nouveau en France, je ne savais pas que c'était possible de faire ce genre de choses. Toutefois, je suivis son conseil. N'ayant pas d'ordinateur à la maison, j'allai dans un cyber-café pour imprimer les mails.

Heureusement que j'avais suivi le conseil d'Odile. En effet, deux semaines plus tard, j'allais envoyer un mail à papa pour lui donner de mes nouvelles, à ma grande stupéfaction, je me rendis compte que tous mes anciens mails avaient disparu et avec eux, les mails de Fred. Je n'en croyais pas mes yeux ! C'était donc possible de pirater un compte mail pour faire disparaître des informations gênantes ! Et Fred l'avait fait, ou du moins avait-il demandé à quelqu'un de le faire. Jusqu'où allait-il aller pour fuir ses responsabilités ?

À l'approche du terme, vers la fin de mon 8e mois de grossesse, suivant le conseil de mon avocat, je pris mon courage à deux mains et j'appelai Fred à son bureau. Il se montra glacial et me fit comprendre qu'il ne voulait plus avoir à faire avec moi. Le voile était tombé (référence au fait qu'il m'avait mis sur un piédestal du fait de mes bonnes manières et de ma discrétion pendant toutes ces années) et si je voulais aller au tribunal que je le fasse, lui n'avait pas du tout l'intention de reconnaître ce qu'il appelait : « ton enfant, pas notre enfant ». Je raccrochai. Même si j'étais triste de cette situation, je n'étais pas du tout surprise de son attitude. Depuis le début, je me doutais qu'il me laisserait tomber quand les choses se corseraient avec sa femme et je savais que je l'attaquerai en justice pour qu'il assume ses responsabilités. Il était hors de question pour moi de le laisser m'abandonner avec un enfant dans les bras sans en assumer les conséquences. Après tout, c'est lui-même qui était revenu dans ma vie, ce n'est pas moi qui me suis branchée sur Minitel pour aller à la recherche d'une ex maîtresse alors que j'étais mariée. Je n'ai violé aucun contrat nuptial ! Je n'ai juré fidélité à personne devant monsieur le Maire « jusqu'à ce que la mort nous sépare ». Ma conscience était tranquille à ce niveau. Tout ce que j'ai fait, c'était de désirer avoir un bébé avec celui que je considérais jusque-là comme l'homme de mes rêves, fût-il marié. « Que celui ou celle qui n'a jamais péché jette la première pierre », si je puis me permettre de paraphraser le Christ.

Fred ne pouvait vraiment pas prétendre que je lui avais fait un enfant dans le dos. Je n'ai eu ni à le manipuler, ni à le supplier de me faire un bébé. Dès le début, il savait que je voulais un enfant. Je ne lui avais pas du tout caché mon désir d'être mère quand il est revenu dans ma vie. Tout semblait laisser croire que lui aussi désirait cet enfant autant que moi. Pendant des mois, il m'a soutenu dans ce désir comme un mari soutiendrait sa femme qui désire ardemment porter un enfant dans son sein. Il était doux et avenant. Quand il lisait la déception dans mes yeux, alors que je croyais être enceinte, il m'encourageait à garder espoir. Il me rappelait qu'il était un homme très fertile. À ce moment-là Ruth semblait être de nouveau enceinte (mais c'était une fausse alerte). Il n'y avait pas de raison qu'avec moi, ça ne marche pas. Il fallait juste que je sois patiente. Ce revirement n'était dû qu'aux circonstances ou peut-être à une vraie lâcheté qu'il avait toujours bien su dissimuler, comme tous les hommes de son acabit qui ont une double vie.

Quoiqu'il en soit, j'allais l'attaquer en justice s'il s'obstinait à fuir ses responsabilités. Mon bébé était plus important que lui. Il pouvait penser de moi ce qu'il voulait, mais cet enfant il allait le reconnaître. J'appelai mon avocat et lui fis le compte rendu. Il prit note et me conseilla de me consacrer à cet heureux événement à venir et de prendre rendez-vous après la naissance du bébé. Il me recommanda aussi d'informer Fred de la naissance de l'enfant quand celui-ci viendrait au monde.

Je lui envoyai donc un faire-part de naissance à la rentrée de septembre. J'aurai bien voulu être une petite mouche pour voir la tête de Ruth quand elle verrait la date de naissance du bébé. Je me délectais d'avance. C'était un peu mesquin de ma part, mais je me consolais autant que je pouvais de ce genre de petites minauderies dans la solitude criarde qu'était ma vie de mère célibataire.

∴

En octobre, environ 2 mois après la naissance de mon bébé, j'allais voir mon avocat avec Taliane dans les bras et le dossier contenant tous les documents qu'il avait demandés. Il les enregistra dans le dossier, me conseilla de lui renvoyer les photos de Taliane, puisque visiblement, il ressemblait à son père par la couleur de sa peau. Il disait que j'avais un dossier solide. Les juges aimaient bien voir que les personnes avaient tout fait pour régler leur conflit à l'amiable avant d'aller encombrer les tribunaux. Le fait d'avoir fait toutes ces tentatives auprès de Fred montrait ma bonne foi. Il dit qu'il allait demander le maximum. Ce monsieur n'était vraiment pas sérieux conclut-il. À mon avis, il devait le dire à tous ses clients. Ceci dit, ça me faisait du bien de l'entendre. Avant de partir, je passai au secrétariat pour prendre le montant des honoraires que j'allais verser pour cette procédure. Il s'élevait à 3000 euros. C'était cher pour ma bourse, mais pour mon fils, j'étais prête à aller jusqu'au bout. J'ignorais totalement comment j'allais payer cette somme. Cela m'était bien égal. Le plus important, c'était que les 300 euros représentant les 10% qu'il exigeait pour lancer la procédure, je les avais. C'était déjà ça de réglé. Pour le reste, j'aviserai au fur et à mesure.

Il faut dire que ça n'allait pas être facile. Je n'avais plus d'économies puisque ce cher Paolo était parti avec toutes mes économies et m'avait laissée avec un crédit sur le dos à rembourser mensuellement.

Les mois qui suivirent furent les plus difficiles de mon expérience de mère célibataire. Non seulement il me fallait trouver comment payer l'avocat, mais aussi comment nourrir mon enfant avec le maigre revenu que j'avais, plus un crédit à rembourser.

En novembre l'avocat m'envoya le compte rendu de l'assignation en justice envoyée à Monsieur Orsell. Deux mois plus tard, il m'envoya les résultats de la première audience et je pus voir que Monsieur de son côté aussi avait dû prendre un as du barreau. En effet, Fred avec un beau-père riche comme l'était le père Ruth ne pouvait que se payer un as du barreau. Je suppose que c'est lui qui conseilla le meilleur avocat à sa fille ou peut-être était-ce l'avocat de la famille ? J'imaginais que ce n'était pas un problème pour les Orsell de payer plus de 3000 euros d'honoraires d'avocat. Tandis que moi, avec mon bébé à nourrir et ce procès, je m'apprêtais à passer des fins de mois plus que difficiles. Heureusement que je l'allaitais encore. Mais il fallait le vêtir, le soigner, le faire garder. Je me disais en moi-même « avec la grâce de Dieu, je m'en sortirai. »

Tous les deux mois, il y avait une audience. Celle-ci était bien souvent renvoyée, car la partie adverse avait opté pour faire trainer la procédure, peut-être pour jouer avec mes nerfs. Je n'en sais rien. Mais ça fonctionnait bien. À chaque fois que je recevais la lettre de mon avocat, j'étais effondrée de voir qu'il fallait encore attendre. Tous les deux mois, je payais 300 euros d'honoraires. Pendant ce temps, j'essayais difficilement de m'en sortir avec un revenu à peine plus élevé que le Smic, un crédit à rembourser et les charges quotidiennes d'une mère célibataire avec un nourrisson.

J'avais repris le travail et tous les matins je me levais très tôt pour emmener Taliane à la crèche. Puis je revenais le soir pour le récupérer. C'était la course tous les jours. Il fallait tout gérer toute seule. Je pensais à ce procès, je pensais à ce garçon qui m'avait escroqué et à toutes les dépenses auxquelles je devais faire face toute seule pour m'occuper de mon enfant. Je n'arrivais pas à tenir. C'était trop dur. Heureusement que j'avais mon bébé, lui seul me redonnait le sourire. La plupart du temps, j'étais en arrêt maladie pour dépression parce que je n'en pouvais plus. Je pleurais très souvent, me demandant ce que j'avais bien pu faire au bon Dieu pour mériter un tel mépris des hommes. Je jurais que le seul homme de ma vie serait mon fils. Lui au moins, il était garanti jusqu'à ses 18 ans. Je ne vivais plus qu'à travers mon bébé. C'était lui mon antidépresseur, même si je prenais des antidépresseurs. Mon fils restait celui qui me permettait de tenir face à toute cette adversité.

Un jour où j'avais du mal à me lever le matin justement à cause des antidépresseurs, mon bébé qui dormait avec moi dans le lit se réveilla. Il devait avoir à peu près 10 mois. Il rampa vers moi et prit mon visage dans ses petites mains potelées et se mit à me faire plein de bisous, l'air de me dire : « ne t'en fais pas ma petite maman, je suis là pour veiller sur toi et je serai toujours là pour toi ». C'était tellement touchant de sentir ces petites mains qui me caressaient le visage doucement au point où j'eus des larmes aux yeux. Quel doux réveille-matin. Je sortis doucement de ma léthargie. À mon tour, je le pris dans mes bras en le remerciant d'être un si gentil bébé. C'était la première fois qu'il me réveillait ainsi avec tant de calme et de douceur. Les autres jours, il se contentait de se réveiller et de faire du bruit pour que je me lève à mon tour. Ce jour-là, il avait peut-être dû prendre conscience que j'étais vraiment au fond du trou et qu'il me fallait de la douceur et des câlins.

C'était vrai que j'étais mal. Sous l'effet des antidépresseurs, je dormais tout le temps. J'avais juste la force de me lever pour accompagner mon fils à la crèche et revenir me coucher. J'étais comme un zombie. Je dormais tout le temps. Je ne mangeais presque jamais, pour la simple raison que je n'avais pas faim. J'étais tellement mal que j'avais maigri. Au boulot on m'appelait Barbie. J'en étais arrivée à faire une taille 36 alors qu'habituellement je faisais du 40 pour 1.70m.

Si je me laissais aller quand j'étais chez moi, quand je devais reprendre le travail, je m'efforçais d'être toujours présentable. J'aimais afficher une mine épanouie et toujours souriante. Mes problèmes je les laissais chez moi. Il était hors de question que tout le monde soit au courant du drame qui se jouait dans ma vie. Je ne voulais pas montrer ma souffrance à mes collègues. Quand je sentais que j'allais trop mal, je préférais m'arrêter et je restais chez moi, quitte à perdre quelques centaines d'euros sur mon salaire déjà bien maigre. Avec tous les arrêts de travail que j'avais eus, les remboursements des jours de congés maladie avaient significativement baissé. Mais cela m'importait peu, ma santé était plus importante que tout.

18

Un jour que je ne m'y attendais pas, la police débarqua chez moi. En effet deux jours avant j'étais allée faire une transaction à la Poste. Il fallait pour cette opération présenter une carte d'identité, comme j'avais sur moi la fausse carte de résident, je la présentai à l'agent de la Poste, me disant qu'elle ne se rendrait compte de rien. Après tout, ce n'était pas la première fois que je me servais de cette carte dans les administrations. Elle m'avait servi à mettre à jour tous mes dossiers administratifs et à faire valoir mes droits auprès de tous les organismes compétents. J'étais à mille lieues de m'imaginer ce qui allait se passer ce jour-là. Après quelques secondes, l'agent de la Poste, une dame, me dit que la machine avait détecté que c'était une fausse carte et refusa de ma la rendre. Bien entendu ma transaction avait été annulée par la même occasion. Je n'insistai pas et rentrai chez moi après cet incident. Toutefois, je me doutais qu'il allait avoir des répercussions avec les services de polices. D'ailleurs, la dame au guichet en refusant de me rendre ma carte m'avait informée que la loi les obligeait à transmettre à la Police les fausses cartes qui leur étaient présentées. Vu qu'il y avait mon adresse dessus, je savais que cette dernière allait faire une petite descente chez moi.

Heureusement pour moi, ce jour-là, Taliane avait de la fièvre et la crèche avait refusé de le prendre. J'avais alors dû le garder à la maison. Quand les policiers débarquèrent chez moi pour me demander de les suivre au commissariat, je leur répondis que je ne pouvais pas car j'avais un bébé malade et que j'attendais de l'emmener chez le médecin. Ce qui était vrai. J'avais pris rendez-vous à 17 heures30 et quand la police est venue chez moi, il était environ 16 heures. C'étaient deux agents, le premier était très conciliant. Quand il a vu mon fils dans son berceau, il a compris que je disais vrai. Le deuxième par contre, je ne sais pas s'il voulait m'intimider ou faire son intéressant, me flanqua un : « il a l'air en forme ce bébé ! » l'air de me dire « vous dites n'importe quoi madame ! ». Ce qui m'agaça quelque peu. J'avais envie de lui répondre méchamment, mais je me retins. Je ne voyais pas l'intérêt de me lancer dans une joute verbale avec un policier. En plus ce n'était pas dans mon intérêt. J'avais fait usage de faux-papiers pour me maintenir sur le territoire, mieux valait afficher profil bas. Pourtant j'étais sereine. Je connaissais mes droits. Il n'avait pas de mandat et ne m'avait envoyé aucune convocation. Je n'étais pas obligée de les suivre si je n'en avais pas envie. Donc ce monsieur qui faisait son intéressant pouvait se taire car il ne m'impressionnait pas du tout. Tout ce qui m'intéressait, c'était mon fils. J'attendais avec impatience l'heure du rendez-vous chez le médecin, parce que j'étais inquiète. Taliane ne tombait jamais malade. C'était un bébé robuste. Le policier avec son commentaire avait raison. À le voir comme ça dans son berceau, il n'avait pas du tout l'air malade. La seule chose qui trahissait son état, c'est qu'il était un peu ronchon et avait de la température. Je le pris dans mes bras. Quand la police avait sonné, il dormait encore. Au moment où je suis allée ouvrir, le temps que je revienne, le bruit l'avait réveillé. Le monsieur gentil me demanda de me présenter le lendemain à 9 heures au commissariat de Vincennes. Après leur départ, je pris soin d'appeler l'avocat congolais que j'eus la chance d'avoir tout de suite au bout du fil. Il me conseilla de ne surtout pas confier mon bébé à un tiers pour me présenter au rendez-vous, sinon ils allaient me garder. Avec un bébé dans les bras, j'avais des chances de rentrer chez moi.

C'est ce que je fis le lendemain. Je me présentai au commissariat à 9 heures comme prévu avec mon bébé que je serrais très fort dans mes bras. Sa fièvre était tombée mais le médecin l'avait mis sous antibiotique. Il avait l'air bien fatigué mais si gentil qu'il était, il souriait à sa maman. J'avais pris le soin aussi de prendre son carnet de santé au cas où. La veille la police avait pris mon passeport pour s'assurer que j'allais me présenter à la convocation.

Je fus reçue par une dame très aimable. Elle me dit d'attendre dans le vestibule, que je le juge allait me recevoir.

J'attendais tranquillement. J'étais très calme, je n'avais aucun doute que je rentrerai chez moi. Seul mon bébé m'intéressait. Je savais qu'avec lui, il n'allait rien m'arriver. Nous étions dans un pays où les enfants étaient rois. L'intérêt de l'enfant prévalait sur tout ce qui pouvait se faire comme loi, donc je n'avais rien à craindre. J'étais une mère attentive au bien-être de son bébé, et ce dernier était toute ma vie.

À peine une demi-heure plus tard, la dame qui m'avait reçue vint me dire que le juge avait été très clément et me laissait repartir. Je la remerciai poliment et quittai le commissariat. À partir de ce moment, je savais que même sans papiers, je n'avais plus à craindre d'être expulsée dès le moment que j'avais mon bébé. Il ne me restait plus qu'à attendre la fin du procès pour voir mon fils avoir sa filiation française établie avec son père. J'aurai pu dès la naissance de mon bébé me faire régulariser en faisant reconnaître mon fils par un ami français. Cela m'aurait drôlement facilité la vie et ne m'aurait coûté aucun centime. Celui que j'avais choisi comme parrain de mon fils était prêt à me rendre ce service. Je connaissais plein de compatriotes qui le faisaient. Mais je n'en avais aucune envie. Je voulais écrire l'histoire de Taliane avec son père biologique et avec personne d'autre. Pour moi c'était simple, Taliane avait un père et c'est le nom de ce père qui devait figurer sur son acte de naissance, non pas Dupont ou Tartempion qui n'avait aucun lien quelconque avec lui. C'est le choix que j'avais fait pour lui et j'allais l'assumer, même s'il fallait risquer l'expulsion, j'irai jusqu'au bout.

En attendant, il fallait continuer à se battre au quotidien pour m'occuper de ce procès qui me vidait de toute mon énergie et de mon compte en banque.

Un an plus tard au début du mois de mai, je reçus la lettre de convocation au test de paternité pour la semaine suivante. J'appelai Mariette pour m'accompagner le jour J parce que je ne voulais pas me retrouver seule, nez à nez avec Fred. Mes craintes de le rencontrer n'étaient pas justifiées. En effet, le jour où l'on m'a convoquée, Fred avait déjà été convoqué bien avant et il s'était bien évidemment présenté. L'agent du laboratoire spécialisé dans le prélèvement ADN, nous expliqua que c'était normal de ne pas convoquer les parents en même temps car il fallait éviter toute confrontation entre parents en dehors des tribunaux. Curieuse, je demandai à l'agent, une dame très aimable, comment pouvaient-elle être certaine que la personne qui se présentait était bien la bonne personne. Elle me répondit condescendante que chacun de nous avait un patrimoine génétique unique et qu'il était impossible de se faire passer pour quelqu'un d'autre. Et puis une pièce d'identité était demandée pour passer le test. Je la remerciai rassurée. Fred avait tellement fait preuve de mauvaise volonté que je m'attendais à tout venant de lui.

∴

Nous étions en Août 2005. Taliane avait deux ans et le procès en recherche de paternité suivait son cours. Comme je travaillais et que j'avais épuisé tous mes jours de congés à cause des fréquents arrêts de travail, je ne pouvais pas avoir de vacances d'été. Je confiais Taliane à Sidonie qui était aussi sa marraine. Oui j'avais décidé de passer outre mes soupçons de trahison à son encontre, en la choisissant comme une des marraines de mon fils. Je me disais que je lui donnais là l'occasion de s'amender vis-à-vis de Taliane au cas où il s'avérait que c'était vraiment elle l'auteure de la lettre anonyme. Cette fameuse lettre qui avait poussé son père à l'abandonner.

Quelques mois auparavant, en février de la même année, j'avais ressenti l'envie d'aller le mettre sous la protection de la Sainte Vierge Marie en faisant un pèlerinage à Lourdes. Il devait avoir environ 18 mois. Je me souviens du jour où les bonnes sœurs nous ont plongés dans la piscine froide de Lourdes. Je le tenais dans mes bras, au lieu de pleurer parce que l'eau était très froide, il avait éclaté de rire. Les sœurs étaient ahuries. On dirait que pour lui c'était un jeu. Cet enfant était vraiment spécial. Il n'arrêtait pas de me surprendre.

Taliane n'étant pas avec moi, j'avais décidé de faire un nouveau pèlerinage à Lourdes. Je me disais qu'il serait bien que j'y aille toute seule cette fois-ci. J'aurai ainsi plus de latitude de prier autant que je voulais sans être interrompu par un nourrisson de 24 mois réclamant mon attention. Je voulais profiter du long week-end de l'assomption pour le faire. Il faut dire qu'avec toute cette adversité à laquelle je faisais face, mon seul réconfort se trouvait dans la prière du chapelet et des psaumes. Même si j'avais baissé ma cadence de prière matinale à cause de l'arrivée de Taliane, il n'en demeurait pas moins que je restais une pratiquante assidue. J'avais toujours mon chapelet. À la moindre occasion où je me retrouvais seule, je récitais mon rosaire. J'aimais beaucoup prier la Sainte Vierge, car elle me rappelait ma grand-mère qui était une fervente du chapelet. Je l'avais toujours vue prier « Mama Maria » comme elle disait.

En ce début de long week-end de l'assomption, je pris le train de nuit pour me rendre à Lourdes. Contrairement à ce que j'imaginais, il n'y avait pas tant de monde que ça en direction de Lourdes. Comme toujours, quelques compatriotes étaient du voyage. C'est connu, les africains aiment les lieux de culte. Après tout, étrangers sur une terre étrangère comme dirait mon cher Paolo Coelho, seule la prière nous rappelait que nous étions tous unis vers Dieu et la Sainte Vierge. Le voyage se passait bien, lorsqu'autour de 6 heures du matin la police fit irruption dans le train pour un contrôle d'identité. Nous venions de dépasser Toulouse et nous étions sur le point d'arriver à Pau. Je n'en croyais pas mes oreilles. Comment pouvait-il y avoir un contrôle d'identité en plein territoire français sans raison apparente. Il n'y avait aucune menace terroriste à ce que je sache. C'en était fini pour moi. Je n'avais pas de papiers, j'avais certes mon passeport congolais pour justifier de mon identité mais je n'étais pas en situation régulière en France. Et cette fois-ci, je n'avais pas mon bébé avec moi pour me protéger. C'était la fin. J'allais être expulsée pour de bon et je ne verrais plus mon fils, pensai-je. Non, ce n'était pas possible que l'histoire se termine ainsi. On respire. Les policiers étaient en train de contrôler tous les passagers.

Quand vint mon tour, je présentai calmement mon passeport au policier qui me demanda mes papiers, me disant que cela suffirait. Sauf qu'il insista pour avoir un justificatif de séjour en France. Autrement dit une carte de séjour en bonne et due forme. Je n'en avais pas. Il m'invita à le suivre sous le regard désolé de mes compatriotes africains qui comprenaient bien la situation. Le policier me dit : « madame vous êtes en garde à vue, suivez-nous ». Je les suivis sans broncher. Ils me mirent les menottes. Une fois descendue du train et m'invitèrent à monter dans la voiture de police. Nous prîmes la route pour Toulouse car c'est là-bas que se trouvait le centre de rétention de la région. Une fois à Toulouse, ils m'emmenèrent au commissariat pour m'interroger. Ils me firent passer 3 interrogatoires sur mon identité, me demandèrent si j'avais des enfants, si je travaillais. Le premier interrogatoire a eu lieu quand je suis arrivée vers 7 heures. L'autre en début d'après-midi et enfin le dernier en fin de journée. Je répondis que j'avais un enfant de 2 ans que j'avais confié à sa marraine au Mans parce que je voulais aller prier à Lourdes, que je vivais de mes rentes. Je souris intérieurement en donnant cette réponse car j'avais toujours eu envie de prononcer cette phrase dans ma vie. Je n'aimais pas travailler, je m'imaginais qu'un jour j'hériterai de je ne sais quelle riche tante et que je n'aurai plus besoin de chercher du travail. Ainsi si quelqu'un me demandait de quoi je vivais, je répondrai « je vis de mes rentes ». C'était pathétique, je sais, mais je ne m'en rendais pas compte. Le policier ne se contenta pas de cette réponse, il voulut en savoir plus. Mais je ne voulais pas lui dire que je travaillais avec de faux papiers enregistrés chez mon employeur. Je n'avais pas envie de perdre mon emploi au cas où il s'amuserait à appeler mon employeur. Je savais qu'ils avaient les moyens de savoir ce que je faisais, en tout cas ce n'est pas moi qui allais leur faciliter la tâche. Je maintins que je vivais de mes rentes dans le sens que ma famille qui était en Afrique m'envoyait régulièrement de l'argent. Il sembla se contenter de cette réponse. On me dit au deuxième interrogatoire que j'avais le droit de voir un médecin si j'en avais besoin ou un psychologue. Je répondis que je voudrai voir un médecin psychiatre car j'étais sous antidépresseurs et compte tenu de la situation, j'avais besoin qu'il me fasse une ordonnance. Le médecin arriva 1 heure après. C'était une femme d'une quarantaine d'années, un peu frêle mais très sympathique. Pendant l'entretien, je lui demandai si elle était tenue par le secret professionnel car je voulais lui dire que j'avais menti au sujet de mon travail. Avant, je voulais m'assurer que ce que je lui dirai resterait entre nous. Elle me répondit qu'en tant que médecin, ce qui se passait entre elle et son patient était protégé par le secret professionnel fût-elle mandatée par la police. Je lui dis brièvement ce qui se passait dans ma vie et ce qui justifiait mon état dépressif et le fait que je travaillais sans papiers n'arrangeait pas les choses. Elle me conseilla de tout avouer au policier parce que les juges appréciaient les personnes qui se battaient pour s'en sortir même en étant sans papiers. Et puis de toute façon, si je devais être expulsée, je n'aurais plus d'emploi à sauver. Mieux valait tout dire. Cela au contraire allait faciliter les choses pour moi, s'il fallait me régulariser par la suite. Elle me fit une ordonnance pour les antidépresseurs et me souhaita bonne chance pour la suite.

Au troisième interrogatoire, je décidai de tout dire. Expliquant que j'avais dû me faire de faux papiers pour trouver un emploi. Je relatai l'histoire du commissariat de Vincennes. Je dis que mon employeur ne savait pas que c'était de faux papiers et ce, depuis 5 ans.

Le soir on m'emmena au centre de rétention où j'allais passer la nuit.

19

Après les 3 interrogatoires de la journée au commissariat de police, le soir je fus amenée au centre de rétention de Toulouse. Un centre assez éloigné de la ville exclusivement réservé aux femmes. Lorsque je suis arrivée, je portais des menottes, l'un des policiers me les détacha. On me dit de donner tout ce que j'avais de valeur en tant qu'objets personnels, bijoux, montre, téléphone portable, passeport etc. Le policier chargé d'enregistrer mon arrivée mit tout dans une grosse enveloppe Kraft et le mit dans un casier. Ensuite, on m'emmena dans l'espace où j'allais passer la nuit. J'eus l'impression d'arriver dans un appartement. L'endroit était spacieux, lumineux, ça aurait pu être agréable à vivre mais cela restait une prison. Il y avait un grand salon avec des grandes fenêtres qui laissaient la lumière, 4 chambres et une salle de bain. À l'entrée, il y avait un téléphone à carte pour émettre des appels. Et à côté du téléphone à carte, il y avait un téléphone mural blanc ressemblant à un interphone pour les appels de service. Quand quelqu'un de l'extérieur nous appelait, les appels transitaient par le standard puis on nous passait l'appel via ce téléphone. Je n'avais pas le droit de sortir jusqu'à mon passage devant le juge des libertés, m'avait dit le policier. La seule chose qui différenciait de la prison classique, c'est que je n'avais pas de combinaison de prisonnier. Sinon j'étais traitée comme un prisonnier. On m'avait menottée quand je suis sortie de la garde à vue du commissariat et qu'on m'a transporté en voiture jusqu'au centre rétention. Ce n'est qu'au moment où je suis arrivée au centre qu'on m'enleva les menottes. Quelle humiliation !

Moi qui n'avais jamais fait de mal à une mouche, voilà que j'étais traitée comme une vulgaire criminelle dont il fallait se protéger de la dangerosité en lui mettant des menottes. Je n'arrivais vraiment pas à croire ce qui m'arrivait. Tout ça parce que j'avais voulu aller rendre hommage à la Sainte Vierge à Lourdes. Quelqu'un d'autre à ma place aurait rejeté Dieu, la Sainte Vierge et la prière. Mais pas moi, j'étais une chrétienne pratiquante convaincue. Je me rappelais cette phrase de la Bible où Dieu disait : « ma grâce se manifeste dans ta faiblesse » alors je gardais la foi. C'est vrai que j'étais faible en ce temps. C'est d'ailleurs pour cette raison que j'ai ressenti le besoin de faire ce pèlerinage pour aller puiser un peu de force à la grotte de Lourdes. Hélas, au lieu de cela j'étais là dans une prison pour femmes parce que j'avais commis le « crime » de ne pas avoir de papiers.

Dans « l'appartement », il y avait quatre autres filles, avec moi, ça faisait cinq. Une camerounaise, une algérienne, et deux bulgares, une blonde et une brune. En ce temps-là, la Bulgarie ne faisait pas encore partie de l'Union européenne. Dans chaque chambre, il y avait 3 lits et une petite armoire pour ranger ses affaires, avec des cadenas. La première chambre était occupée par la camerounaise et l'algérienne. Bien évidemment les deux bulgares, par solidarité occupaient la même chambre. On me proposa une autre chambre. Vu qu'elle était sale, je la refusai. Les policiers, conciliants, m'en proposèrent une autre en face de celle de la camerounaise et de l'algérienne. Celle-là semblait plus propre, je l'acceptai. Toutefois, la camerounaise qui assistait depuis sa chambre à ma visite des lieux, intervint pour me proposer de partager leur chambre ainsi je ne serai pas toute seule. Les policiers, un homme et une femme ne voyaient pas d'inconvénients à cela. Je m'installai donc avec mes compatriotes africaines. On oublie trop souvent de le dire l'Algérie fait partie du continent africain. Les policiers promirent de revenir avec des draps propres et le nécessaire pour la douche. Je les remerciais et ils s'en allèrent. Pendant tous ces échanges, je réalisai qu'on était vraiment dans un pays de droit où je pouvais jouer les princesses en refusant une chambre au prétexte qu'elle était sale. En Afrique, on aurait vite fait de me rappeler que je n'étais ni dans un hôtel ni dans la maison de mon père. Parfois je me surprenais moi-même par mes réactions spontanées. Je me disais que je devais vraiment avoir un ange gardien qui veillait sur moi pour qu'on satisfît ainsi à mes caprices dans des endroits où quelqu'un d'autre à ma place, se serait tenu à carreaux acceptant ce qu'on lui proposait. En fait, la chambre n'était pas si sale. Il y avait juste un peu d'eau par terre que l'occupante précédente avait omis d'essuyer et des draps qui trainaient un peu partout. Les policiers ne bronchèrent même pas quand j'ai opposé un refus à leur première proposition. Ils étaient peut-être habitués à ce genre de caprice. Toujours est-il qu'ils revinrent quelques minutes plus tard avec des sacs poubelles pour ramasser les draps sales et du produit désinfectant pour nettoyer la chambre. Ensuite, ils me donnèrent comme promis les draps propres et une serviette ainsi qu'un petit sac contenant une brosse à dent, un petit tube dentifrice et un verre à dent. Je n'en revenais pas. On se croirait vraiment dans un hôtel. Je n'imaginais pas qu'on était aussi bien traité dans les centres de rétentions. N'eût été le fait qu'on était enfermé à double tour dans cet appartement, je ne me serai pas cru dans une prison. Nous avions tout le confort qu'il fallait pour un petit séjour confortable entre ces murs. Nous avions la télé, des journaux, des magazines sur une grande table où l'on pouvait jouer aux jeux de société. Je n'avais vraiment aucune raison de me plaindre de cette rétention. Le soir nous avions droit à un bon dîner dans la salle de réfectoire en compagnie de policier de garde. Il y avait un haut-parleur dans la salle principale qui nous prévenait des heures de repas et ensuite on venait nous ouvrir pour aller manger. Après le repas, on revenait dans nos « appartements ». Il y avait des caméras de surveillance postées de part et d'autre pour vérifier que tout allait bien entre les pensionnaires, s'il n'y avait pas de bagarre ou autre altercation. Il faut dire que les bulgares ne brillaient pas par leur discrétion et leur silence. Tous les soirs, elles s'offraient en spectacle. Elles parlaient fort, chantaient, dansaient, bref elles faisaient tout pour montrer à la police qu'elles les emmerdaient (si je puis parler ainsi). La blonde beaucoup plus que la brune, on aurait dit que c'était elle la meneuse, l'autre ne faisait que la suivre. Elles avaient des gestes obscènes. Elles hurlaient aux policiers dans un mauvais français qu'elles allaient bientôt sortir. C'était juste une petite pause. Visiblement, c'étaient des prostituées. On le voyait à leur accoutrement et à leur façon de s'adresser sans ménagement aux policiers quand ils venaient nous chercher pour manger ou pour une audience.

Je suis arrivée au centre un dimanche soir et le lundi matin, il fallait aller se présenter devant le juge des peines pour constater le délit. Ne pas être en situation régulière en France était un délit qui relevait de la compétence du juge des libertés ou de la détention en matière de procédure pénal. J'avais encore quelques notions de mes cours de droit et je ne me sentais aucunement perdue dans cette spirale judiciaire. Le juge constata le délit et fixa une date d'audience pour le jeudi matin. Pendant ce temps, je devais me trouver un avocat et me présenter devant lui dès le lendemain pour instruire le dossier, me dit-il avec bonhommie. Je ne sais pas si c'est parce qu'on était dans le sud, mais ils avaient tous l'air aimable. Il n'y avait aucun autoritarisme, aucune agressivité dans leur façon de nous traiter. Le juge me dit que si je n'en avais pas, on m'en commettrait un d'office. Mais comme c'était un juge habitué à ce genre de situation, il me donna le nom d'une avocate congolaise qui officiait à Toulouse, maître Bayikissa. Je l'appelai et elle accepta de me défendre. Le lendemain, on m'appela pour aller dans le bureau du juge où mon avocat m'attendait. Quand j'arrivai, je trouvai maître Bayikissa en grande discussion avec le juge. Visiblement ils semblaient être des amis de longues dates. On m'invita à m'asseoir. En écoutant mon histoire, elle me dit : « tu n'avais pas besoin d'aller jusqu'à Lourdes pour prier la Sainte vierge, tu pouvais la prier chez toi et tu serais plus tranquille ». Je ne répondis rien, je me contentai de sourire. Le juge semblait taquin sur cette tendance qu'avaient les africains à toujours vouloir chercher Dieu pour résoudre leurs problèmes. Je les écoutais déblatérer sur la foi sans rien dire. Puis l'audience fut levée et les policiers revinrent me chercher. À chaque déplacement chez le juge, on me mettait les menottes.

Les deux premiers jours, j'avais le moral. Vu les conditions de rétention, je ne pouvais vraiment pas me plaindre. Je passais mes journées soit à prier, soit à discuter avec la camerounaise et l'algérienne sur les raisons de leur rétention.

Quant aux bulgares, il n'y avait pas besoin de demander, on devinait pourquoi elles s'étaient retrouvées là. Elles avaient été arrêtées pour racolage et comme elles n'avaient pas de titre de séjour, on les avait emmenées au centre de rétention. D'après leurs invectives aux policiers, ce n'était pas la première fois qu'on les arrêtait. On les reconduisait à la frontière et elles revenaient toujours. Peut-être sous une nouvelle identité, je n'en sais rien. Toujours est-il que ça ne semblait pas les affecter d'être enfermées dans ce centre.

Ce qui n'était pas le cas pour moi. Je ne comprenais pas pourquoi au lieu d'être tranquillement à Lourdes à prier la Sainte Vierge, je me retrouvais privée de liberté. Ceci dit, cette expérience au lieu de me décourager, me confortait dans ma foi. Quelque chose en moi me disait qu'il en sortirait quelque chose de bon. Tous les soirs avant de dormir, la camerounaise et moi récitions ensemble le chapelet à la Sainte Vierge. Intérieurement je me sentais soutenue. Cette histoire connaîtrait une fin heureuse, je n'avais aucune crainte à ce niveau.

Toutefois, le fait d'être enfermée contre mon gré commençait à me peser. Surtout quand j'allais prendre l'air dans l'arrière-cour et que je voyais tous ces barbelés sur les murs. Je me souvenais que j'étais bel et bien privée de liberté et là je commençais à flancher. Le deuxième jour, je refusais de manger le soir. Je n'avais pas faim. Mon bébé me manquait. Je ne savais pas s'il allait bien. Jusque-là, je n'avais pas eu l'opportunité d'appeler Sidonie pour prendre de ses nouvelles. Je savais qu'il allait bien. Mais moi, je n'allais pas bien du tout. Alors les crises de larmes ont commencé. Je pouvais être là en train de parler avec les autres filles, il suffisait qu'on me parle de bébé et je me mettais à pleurer. Les choses ont empiré quand cette nuit-là, vers 23h du matin, les surveillants vinrent chercher l'algérienne. Elle avait été prévenue en fin d'après-midi, qu'après l'audience du matin, la décision avait été prise de la reconduire à la frontière. Il lui fallait préparer ses affaires pour le départ. Nous étions navrées pour elle. Mais elle nous rassura qu'elle n'était pas triste du tout de repartir car elle allait retrouver sa famille. Elle n'avait pas longtemps vécu en France pour s'y habituer, ce n'était donc pas un drame pour elle de repartir.

Puis la troisième nuit, vint le tour d'une des deux bulgares d'être reconduite à la frontière. C'était (il fallait s'en douter) la blonde qui fut désignée. Elle faisait un tapage infernal pour partir, insultant les policiers, criant, les narguant, qu'elle allait trouver un moyen de revenir à la première occasion. Cela avait achevé de me faire craquer. Je n'arrivais plus à manger, je pleurais souvent. Je me souviens de ce mercredi, veille de mes dernières audiences, le matin au pénal et l'après-midi au civil. Après avoir refusé encore une fois de prendre mon déjeuner au réfectoire, le personnel s'inquiétait à mon sujet. Il est vrai que j'étais obligée de me rendre au réfectoire en même temps que toutes les autres filles, c'était le règlement. De toute façon personne n'avait le droit de rester dans les chambres. Le policier de service venait nous chercher pour manger, il fermait la porte derrière nous. Ensuite après le repas, il nous raccompagnait pour ouvrir la porte et la refermait. Lui seul avait les clés. Cependant, une fois au réfectoire, je n'étais pas obligée de manger. Je repoussais tout ce que la dame de la cantine me proposait. Elle me suppliait de manger mais je n'arrivais à rien avaler. J'étais presque comme un zombie. Rien ne m'intéressait plus. Je voulais voir mon bébé, il me manquait.

Après le repas de midi ce jour-là, le policier de service nous avait raccompagné à l'appartement. Je m'étais assise dans la salle de séjour pendant 5 minutes, le regard vide, me demandant encore une fois ce qui avait pu se passer dans ma vie. Pourquoi j'en étais arrivée là. Puis je partie dans une espèce de crise d'hystérie incontrôlable, à hurler, à pleurer et à tapoter sur la table comme une folle en demandant « pourquoi, pourquoi, il nous avait abandonnés, pourquoi, je l'aimais moi ! » Evidemment, je parlais de Fred. S'il avait assumé ses responsabilités, je n'en serai pas là. Et je me mis à tambouriner de plus bel sur la table, de colère, de tristesse, un vrai mélodrame. La concierge qui était aussi la dame de la cantine a dû intervenir en catastrophe, avec les caméras de surveillance, elle voyait tout ce qui se passait. « Madame, madame, calmez-vous, ce n'est rien, calmez-vous ! » Elle vint s'asseoir à côté de moi sur le banc, me prit dans ses bras pour me consoler comme l'aurait fait une amie ou une maman. Elle me parla avec douceur. Elle me dit que c'était la vie. C'est la lâcheté des hommes. Ils promettent monts et merveilles et puis prennent la fuite quand il s'agit d'assumer leurs responsabilités. Mais moi, je devais rester forte pour mon bébé, car j'allais le revoir bientôt et il ne fallait pas qu'il me voit dans cet état, me rassurait-elle. Je pleurais un bon coup pendant une bonne dizaine de minutes. Puis je me calmai. Elle dit qu'elle m'apporterait un calmant pour que je me repose. Je lui dis que ce n'était pas la peine, j'étais déjà sous antidépresseurs, que j'allais en prendre puis me coucher. C'est ce que je fis puis je me retirai dans ma chambre. La camerounaise était absente car elle avait une audience. L'autre bulgare, la moins délurée des deux, ne savait pas quoi dire face à cette crise. Elle restait en retrait et me regardait avec compassion.

Au civil, il était question de déterminer avec le juge des affaires familiales, s'il fallait me séparer de mon enfant et le confier aux services sociaux ou pas. Je devais apporter la preuve que j'en avais la garde. Le juge ne comprenait pas que j'ai confié mon enfant de 2 ans à une tierce personne juste pour aller prier à Lourdes. Peut-être n'étais-je pas une bonne mère. Heureusement pour moi par un concours de circonstances, j'avais retrouvé le carnet de santé de mon fils dans mes affaires alors que je croyais l'avoir donné à Sidonie quand je lui avais confié Taliane.

Dès le lundi après mon arrivée au centre, j'avais appelé Emilie pour la tenir informée de la situation. Elle avait aussitôt appelé maître Bangu, l'avocat congolais de Paris pour s'occuper de mon affaire. Les affaires de papiers, c'était son domaine, il n'y avait aucun doute, il allait me sortir de là. Celui-ci ne m'avait rappelé que le mardi en fin d'après-midi, me disant d'attendre son arrivée à Toulouse et de n'accepter aucun avocat commis d'office. Il m'avait assuré qu'il viendrait me défendre le jeudi quand je lui ai communiqué la date de l'audience. Entre temps dans la matinée, j'avais déjà parlé à maître Bayikissa de Toulouse, l'avocate que le juge des libertés m'avait proposée et j'ai expliqué la situation à maître Bangu au téléphone. Celui-ci me dit qu'il s'occuperait lui-même de maître Bayikissa, qu'il la connaissait bien. En ce qui me concerne l'affaire était réglée.

J'ignore ce qui s'était dit entre les deux avocats pour déterminer qui allait s'occuper de mon dossier, maître Bayikissa m'appela en colère, me reprochant mille et une choses dont je n'étais pas au courant. Elle me flanqua qu'elle ne courait pas derrière les affaires de papiers car elle était une avocate respectée dans Toulouse et n'avait que faire de se disputer une affaire. Elle conclut en disant qu'elle ne voulait plus me défendre. C'était mardi soir, quelques heures après l'appel de maître Bangu. Je rappelai maitre Bangu pour comprendre ce qui expliquait l'attitude agressive de maître Bayikissa à mon égard. Je croyais naïvement qu'entre collègues, ils avaient su se passer le relais de mon dossier en bonne intelligence sans que cela ne prête à conséquences. Apparemment, non, maître Bangu avait dû vraisemblablement lui arracher mon dossier entre les mains (si je puis dire). Celui-ci ne répondait pas au téléphone, malgré plusieurs tentatives. Je rappelai Emilie pour savoir si elle avait pu le joindre. Elle n'avait pas réussi non plus. C'était la panique à bord. Je n'avais plus d'avocat.

C'est pour toutes ces raisons que j'avais craqué le mercredi juste après le déjeuner. Je ne comprenais vraiment pas ce qui avait pu se passer pour que je me retrouve dans cette impasse.

20

Vers 16h, quand je me fus bien reposée et bien calmée, j'appelai Emilie. Elle me dit qu'elle avait une bonne nouvelle pour moi. L'avocat qui l'avait défendue quand elle s'était séparée du père de Mathis, maître Morin, acceptait de me défendre. Il m'appellerait vers 18 heures. J'avais aussi appelé maître De La tour, mon avocat de Versailles. Celui-ci me faxa les résultats du test de paternité qu'il avait justement reçus quelques jours plus tôt. Ils étaient, bien entendu, positifs. Il me les envoya en même temps que la photocopie de la pièce d'identité de Fred attestant qu'il était un citoyen français. Vers 18 heures quand maître Morin m'appela, j'avais un dossier solide à lui présenter pour ma défense ; à savoir le carnet de santé de Taliane, son acte de naissance que je gardais toujours sur moi, les résultats du test ADN et la photocopie de la pièce d'identité de Fred. C'était parfait, me dit-il. Il me rassura que je n'avais pas à m'inquiéter pour ses honoraires car c'était la Cimade qui l'avait mandaté et non ma sœur Emilie.

En effet, quand j'avais craqué en début d'après-midi, le mercredi, la gardienne pour me calmer et me rassurer m'avait mise en relation avec la Cimade (association d'aide des étrangers) en fin d'après-midi car elle était justement de permanence ce jour-là. Le monsieur qui m'avait reçue m'avait rassurée qu'on me trouverait un avocat compétent si je n'en avais pas. Il se trouve que c'était justement maître Morin. Quelle coïncidence !

C'était donc parfait. Il ne restait qu'à régler le problème de l'avocat au pénal. J'appelai tonton Michel, mon oncle juriste. Je lui expliquai en quelques mots la situation avec maître Bangu. Non seulement il était introuvable en plus il avait bien réussi à semer la zizanie entre maître Bayikissa l'avocate commise d'office et moi. Tonton Michel me dit qu'il allait se renseigner et me rappellerait dans la soirée. Nous avions le droit de recevoir des appels jusqu'à 21h30. Il était 19 heures, ça pouvait aller.

Entre temps, le fameux maître Bangu réapparut comme par enchantement et me demanda à quelle heure avait lieu l'audience le lendemain. Je lui répondis que c'était à 10 heures. Il me m'informa qu'il serait là pour l'audience, sans rien me demander de plus et raccrocha. Il était quand même bizarre cet avocat. Il ne me demanda même pas comment j'allais, qu'est-ce que j'avais comme documents en ma disposition et quelle était la stratégie qu'il envisageait ? Après tout, il me connaissait quand même un peu, il savait que j'avais fait des études de droit, qu'il pouvait communiquer avec moi à ce sujet et que je comprendrais ce qu'il me dirait. Je n'étais pas complètement ignare et j'estimais que j'avais le droit de savoir comment on allait procéder. Même si je lui étais reconnaissante sur l'affaire du commissariat à Vincennes, sur ce coup-ci, je ne le trouvais pas vraiment efficace.

Quand tonton Michel me rappela vers 20 heures, je lui fis le compte rendu de mon entretien avec maître Bangu. Il confirma mes impressions. Ce n'était pas normal qu'à la veille d'une audience de cet importance que je ne puisse pas voir mon avocat, ni m'entretenir sérieusement avec lui. Il y avait quand même une préparation à faire avant de passer devant le juge. Sur les choses à dire ou à ne pas dire. Il me dit qu'à ma place, il ne le paierait pas. Cet avocat ne connaissait pas le dossier et tout ce qui l'intéressait, c'était de défendre une affaire et toucher ses honoraires. Il me donna quelques informations juridiques à faire valoir devant le juge concernant les droits des étrangers. Je le remerciai.

Cette nuit-là avec ma voisine de chambre la camerounaise, nous fîmes notre séance de prière comme d'habitude. Je dormis sereinement. Même si maître Bangu n'avait pas l'air sérieux, je savais que tout se passerait bien. J'avais confiance.

Le jeudi matin vers 9 heures et demie, les policiers vinrent me chercher pour m'amener à l'audience. C'est à peine s'ils ne s'excusèrent pas quand ils durent me mettre les menottes, mais c'était la loi. Devant la salle d'audience maître Bangu n'était toujours pas là. Le juge et le procureur de la république étaient déjà là et discutaient tranquillement, il ne manquait plus que maître Bangu. Celui-ci arriva juste avant l'heure prévue. Ils se saluèrent, échangèrent quelques banalités propres à leur domaine. Puis nous rentrâmes tous dans la salle d'audience où le juge déclara la séance ouverte.

La situation dans la salle était causasse. J'avais toujours rêvé d'être dans une salle d'audience et d'entendre le greffier crier : « la cour ! » Et me voilà en plein dans le scénario de mes rêves. Sauf qu'ici, c'était moi l'accusée. On m'invita à la barre prêter serment avant de passer à l'interrogatoire. Puis la parole fut donnée à maître Bangu. Celui-ci balbutiait littéralement sa défense. On voyait bien qu'il n'avait pas pris le temps d'étudier mon dossier. Je le regardais et j'avais envie de rire. Franchement, je me demandais pourquoi, il avait pris la peine de faire le déplacement depuis Paris jusqu'à Toulouse. Il était pathétique.

Puis on donna la parole au procureur de la république. C'est ce jour-là que j'ai vu la grâce divine opérer. D'habitude un procureur de république est censé accuser dans son réquisitoire la personne à barre parce qu'elle a n'a pas respecté la loi de la République. Or le procureur après avoir rappelé que certes, j'avais violé la loi en me maintenant de façon irrégulière sur le territoire français, j'avais des circonstances atténuantes. Il rappela que j'étais une personne intègre qui avait toujours cherché à s'en sortir par ses propres moyens. J'avais toujours travaillé et gagné ma vie honnêtement. Je n'étais donc pas une menace pour l'ordre public. Il concluait en demandant la clémence du juge à mon égard. Je n'en revenais pas ! Et le juge, même s'il semblait vouloir garder le sérieux propre à son rang de juge, laissa perler par l'expression de son visage une certaine satisfaction pour ce réquisitoire en ma faveur. La séance ne dura pas plus de 10 minutes et je fus ramenée au centre rétention.

L'après-midi, je devais me présenter devant le juge des affaires familiales pour déterminer si oui ou non Taliane était français, ce qui justifierait qu'en tant que mère d'enfant français ayant la garde de ce dernier, j'avais le droit au regard de la loi de demeurer en France. Maitre Morin, un français cette fois-ci, assura sur toute la ligne. Il défendit le fait selon lequel Taliane était français de fait puisque les résultats du test ADN le prouvaient. Même si l'affaire n'était pas encore jugée sur sa filiation avec son père français, cet enfant l'était déjà par le sang. De plus, le carnet de santé que j'avais en ma possession montrait bien que j'en avais la garde. Il concluait en demandant au juge le droit de me reconnaitre le statut de mère d'enfant français. Puis le juge se retira pour délibérer.

Le lendemain, vendredi, jour du verdict. La matinée se passa tranquillement. J'étais sereine. J'avais même retrouvé mon appétit au petit déjeuner. La dame de la cantine, qui m'avait consolée le jour de ma crise, était contente de me voir enfin manger et sourire. Dans la chambre j'avais rangé toutes mes affaires, j'étais prête. La camerounaise, elle aussi s'était préparée car c'était son dernier jour. Sauf cas exceptionnel, les pensionnaires du centre de rétention n'y restaient pas plus de 5 jours. Soit elles étaient reconduites à la frontière comme l'algérienne et la bulgare, soit elles étaient libérées et rentraient chez elles, comme ça allait être le cas pour moi en cette fin de matinée.

Vers 11 heures, le policier vint m'annoncer qu'il avait le verdict du juge et que j'étais libre de rentrer chez moi. Je lui sautai au coup pour le remercier de cette nouvelle. Une telle effusion de joie n'était pas politiquement correcte mais c'était la seule façon que j'avais d'exprimer ma gratitude. Même s'il ne faisait que faire son travail, le policier de service s'était pris de sympathie pour moi et m'avait traitée avec beaucoup d'égard, de même que la concierge de la cantine. Nous échangions beaucoup lors des repas. Je leur parlais de mon pays et cassais leurs idées reçues sur les africains, mais très gentiment. Quand par exemple, ils me demandaient pourquoi nous ne restions pas chez nous, pourquoi nous voulions tous venir en France. Je leur répondais que tout le monde en Afrique ne rêvait pas de vivre en Europe, nous voulions juste avoir la liberté de circuler librement dans le monde mais cette histoire de visa était venue tout gâcher et les gens se retrouvaient piégés dans un système qui ne leur convenait pas.

Pendant ces 5 jours nous avions tissé de petits liens. Il était donc normal que je lui saute au cou quand il vint m'annoncer la bonne nouvelle. Il était un peu gêné mais ravi de cette spontanéité. Il me dit de rassembler mes affaires et de le suivre jusqu'à l'accueil pour les dernières formalités. J'embrassai la camerounaise, je dis au revoir à la bulgare et je sortis.

À l'accueil, je récupérai mes affaires. Le policier me donna le jugement qui me libérait de cette prison dorée et je le suivis jusqu'à la voiture où son collègue nous attendait. Cette fois-ci pas de menottes. J'étais libre. Ils me raccompagnèrent jusqu'à la gare de Toulouse et me souhaitèrent bonne continuation.

De la gare, j'appelai Sidonie au Mans pour lui dire que j'arrivais. J'allais enfin retrouver mon bébé. Dans le train qui me ramenait au Mans, je remerciai la Sainte Vierge intérieurement. J'aurai voulu venir lui rendre hommage à Lourdes mais il fallait que j'aille retrouver mon fils, il me manquait trop. J'avais hâte de le serrer dans mes bras. Une fois sur place, je pris mon fils de mes bras et l'embrassai très fort. Je lui dis combien il m'avait manqué. Sidonie m'annonça que mes parents étaient en France depuis quelques jours mais qu'Emilie avait dû leur cacher mon séjour en centre de rétention pour ne pas les inquiéter. Pressée de les retrouver, j'annonçai à Sidonie que je rentrai à Paris dès le lendemain. Je pris mon train en fin d'après-midi avec Taliane dans les bras. J'arrivai à Vincennes vers 19 heures. J'appelai aussitôt Emilie pour lui dire que j'étais rentrée. Elle me dit que les parents étaient sortis et rentreraient tard. Je me dis que ce n'était pas plus mal. J'allais rester me reposer et profiter de mon fils après toutes ces émotions.

21

Le lendemain, j'allais chez Emilie vers 9 h. C'est maman qui m'ouvrit, je l'embrassai. Quand je vis papa, je m'effondrai littéralement alors que j'avais mon fils dans les bras. Maman accourut et se pressa de me prendre l'enfant des bras et papa m'entraîna dans la chambre à coucher. Je pleurais de tout mon soul. Je lui disais que c'était injuste que je fusse traitée comme une criminelle moi sa fille, une gentille fille bien éduquée. Je pleurais de plus bel en disant cela. Il me consola du mieux qu'il put. Il me rassura que maintenant le plus important était que j'avais autour de moi une famille qui m'aimait. Je me calmai. Puis, je pris les nouvelles de la famille à Pointe-Noire. L'après-midi j'eus envie de me reposer chez moi. Je leur laissai Taliane et allai faire une sieste.

∴

Je dormis pendant 5 heures d'affilées. Quand je me réveillai, il était 19 heures. Je pris une douche et allai retrouver les parents et Taliane chez Emilie.

Le jour suivant, je devais écrire à la préfecture en me servant du jugement en ma faveur après le centre de rétention. C'est papa qui m'aida à rédiger la lettre. Je l'envoyai à la préfecture. Je décidai que tant que je n'aurai pas de réponse de la préfecture, je ne reprendrai pas le travail. J'avais appris par une collègue que la police avait appelé mon employeur. Celui-ci était donc au courant de ma situation. Je risquais de me faire virer si je ne présentais pas un titre de séjour valable à mon retour. La seule solution c'était de rester en arrêt maladie tout le temps de la procédure de régularisation. Je pris rendez-vous chez mon médecin et lui expliquais la situation. Il convint de m'arrêter tout le temps qu'il fallait. Après tout j'étais réellement en dépression. Depuis mon retour à Vincennes, je faisais souvent des cauchemars et j'avais des nuits très agitées. Il me prescrivit d'autres antidépresseurs et des calmants pour dormir.

Même si j'étais contente de voir mes parents et d'avoir retrouvé mon fils, il n'en restait pas moins que ce procès en recherche de paternité me pompait toute mon énergie. En rentrant chez moi, j'avais reçu un courrier de maître De La Tour qui m'informait de l'évolution du procès. Bien que le test ait prouvé la paternité de Fred, celui-ci persistant dans sa mauvaise foi, avait organisé son insolvabilité pour ne payer que le minimum en matière de pension alimentaire. C'est-à-dire 100 euros. J'étais furieuse et ça me rendait littéralement malade. Dans cette situation les antidépresseurs et un arrêt maladie en bonne et due forme étaient de mise. Heureusement, mes parents étaient-là, j'allais pouvoir profiter de leur présence au maximum.

Après 6 semaines de vacances, en septembre papa et maman durent rentrer au Congo. J'étais contente de les avoir eus dans les parages pendant ce laps de temps.

En octobre la préfecture me convoqua pour régulariser ma situation. On me délivra un récépissé de 6 mois en attendant que la filiation de mon fils avec son père français fût établie.

Je repris le travail vers 20 octobre. Je n'étais pas très enthousiaste mais il fallait faire avec. J'avais introduit un dossier de logement par le 1% patronale pour déménager mieux valait pour moi d'avoir de bonnes fiches de paies. Avec mes arrêts maladies à répétition, mes fiches de paies faisaient un peu la gueule au niveau salaire qui m'était versée. Il y avait des mois où je ne touchais que 400 euros alors que j'avais un loyer de 350 euros à payer et un enfant à nourrir. Je ne saurai dire comment je faisais pour m'en sortir. Tout ce que je sais, c'est que c'était une période très difficile financièrement.

J'avais appris à demander de l'aide aux assistantes sociales, moi qui n'avais jamais voulu être une assistée. Pour nourrir mon enfant, j'avais obtenu une aide alimentaire pour aller faire mes courses à l'épicerie sociale. Une fois par mois, je devais manquer le travail pour aller faire les courses au secours populaire. Je ne sais plus qu'est ce qui était le plus avantageux pour moi, manquer 2 heures de travail à 10 euros brut de l'heure pour aller faire les courses à l'épicerie sociale pour une valeur de 25 euros ou rester travailler et perdre 25 euros de courses ? Toujours est-il que j'avais choisi l'option de perdre deux heures de travail pour aller faire les courses pour mon enfant à moindre coût. Le secours populaire n'était ouvert que jusqu'à 17 h. Si je voulais y être à l'heure, je devais quitter mon travail à 16 h pour y être à 16 h 30. Et cela deux fois par mois, tous les 15 jours. Ceci dit, c'était quand même plus intéressant comme formule. Ce que j'achetais à l'épicerie sociale avec 25 euros, il m'aurait fallu le payer 4 à 5 fois plus dans le commerce traditionnel. En particulier, j'y allais pour les couches, les produits de lessives et le lait. C'est ce qui me plombait mon budget quand je devais les acheter dans le commerce. Heureusement pour moi que l'eau et l'électricité était compris dans mon loyer. La seule dépense que j'avais en dehors de la nourriture et du transport pour me rendre au travail, c'était le téléphone. J'étais assez raisonnable de ce côté. J'appelais rarement l'étranger. Malgré tout, les fins de mois étaient très difficiles.

∴

L'été 2006, quand mon fils fêta ses 3 ans, je décidai de déménager pour m'installer à Lyon. Le studio devenait trop petit pour nous deux. Je voulais lui donner un plus grand espace dans un appartement où il aurait sa propre chambre. Au travail, j'introduisis une demande de congé de formation qui me fut accordé pour une durée d'environ 1 an. Je devais commencer au mois d'octobre.

À Lyon, je fus temporairement hébergée par un couple que j'avais rencontré par hasard au mariage d'une amie. Il se trouve qu'on était assis à la même table au cours de la soirée. En échangeant, la femme me dit qu'elle et son compagnon avaient une maison dans une banlieue lyonnaise et que si je cherchais un logement, ils pourraient m'héberger le temps que je trouve mon propre appartement. C'était vraiment un signe du destin. Voilà cette dame, une française de souche, que je ne connaissais ni d'Adam ni d'Eve m'offrait gracieusement de m'héberger une fois à Lyon. N'était-ce pas merveilleux ?

C'est ainsi que je m'installais chez ce couple de lyonnais très aimable, pendant un mois. J'avais dû me séparer de mon fils car je ne voulais pas abuser de l'hospitalité de cette gentille femme. Elle m'offrait déjà le gite et le couvert, je n'allais pas lui imposer la présence de mon fils en plus. Mon frère Edmond m'avait proposé quelques mois plus tôt de le garder si jamais les choses s'avéraient compliquées. Il savait que suivre une formation avec un enfant en bas âge dans les pattes n'était pas forcément évident. C'est ce que je fis. Je partis toute seule à Lyon pour commencer ma formation d'assistante de direction. Mais tous les 15 jours, je venais retrouver mon fils à Paris. Je ne supportais pas d'être séparée de lui aussi longtemps.

Au mois de novembre, juste un mois après mon arrivée à Lyon, je trouvai mon propre appartement. Je remerciai mon hôte et son compagnon, puis je m'installai chez moi. Ensuite je montai à Paris récupérer mon amour de bébé, le seul homme de ma vie et à nous la nouvelle vie !

22

Nous menions une vie tranquille Taliane et moi à Lyon. Un jour, à la fin du mois de novembre 2006, je reçus la lettre de mon avocat m'annonçant la fin du procès. J'avais gagné. Mon fils allait porter le nom de son père comme je le voulais. J'avais obtenu le paiement d'une pension alimentaire et les dommages intérêts. Sauf que la pension alimentaire était dérisoire par rapport à ce que mon avocat avait demandé. Je le lui fis remarquer. Il me répondit que c'était de bonne guerre. Fred avait utilisé les armes qu'il avait en sa possession, sous les conseils de son avocat, et avait obtenu de ne payer que 150 euros alors que j'en demandais 250. Il avait fait croire qu'il divorçait de sa femme et avait présenté un dossier en béton avec tous les frais qu'occasionnait la procédure de divorce. Il n'avait par conséquent plus suffisamment de moyens pour vivre décemment et assumer la pension alimentaire de Taliane. Il avait poussé le vice en faisant croire que c'est sa mère qui le nourrissait, car ses revenus suffisaient juste à payer le logement HLM qu'il louait. Moi je savais que c'était faux. Le père de Ruth avait un parc immobilier, il avait dû lui prêter un de ses logements pour rendre crédible l'affaire. Mais comme l'avait souligné mon avocat, c'était de bonne guerre. Je n'avais qu'à ravaler ma frustration. Et puis, m'avait-il déclaré, pour me consoler, les jugements en aliment étaient révisables à souhait. Il suffisait que la situation financière de monsieur change pour que j'introduise une nouvelle requête auprès du juge des affaires familiales. C'était complètement gratuit. Il fallait juste apporter la preuve du changement de situation du débiteur de la pension alimentaire. Je le remerciai de cette information. Ceci dit, je n'allais pas le faire. C'était déjà bien si Fred me payait ce qu'il me devait. Mais rien n'était moins sûr.

À la fin de ce procès, il me devait en tout et pour tout près de 9000 euros. La pension alimentaire avait un effet rétroactif à la date de naissance de l'enfant. Mon fils avait 3 ans. À cela s'ajoutaient les frais de procédure en plus des dommages et intérêts. Je pouvais me brosser ! Comme on dit. Non seulement il ne paya jamais rien de ce qu'il me devait, mais la première fois qu'il a payé une somme conséquente pour alléger sa dette, c'était suite à un dépôt de plainte à la police. J'en avais assez de le relancer par courrier pour qu'il me paye mon dû. Un jour, il finit par écrire par le biais de maître De La Tour. Dans la lettre non seulement le ton était cynique, mais comme j'avais transmis un relevé d'identité bancaire pour le virement de pension alimentaire, il me le renvoya et me somma de ne plus lui écrire directement. J'avais l'ordre de ne passer que par l'intermédiaire de mon avocat pour m'adresser à lui. Néanmoins mon avocat me fit comprendre que le procès ayant pris fin, je n'avais plus besoin de ses services. Nous étions deux adultes responsables et devions dorénavant ne plus passer par lui pour communiquer.

∴

Un vendredi après-midi, je reçus une lettre dans ma boîte aux lettres qui venait de Montrégal. Je l'ouvris. Devinez qui m'écrivait ?

Mme Ruth Orsell en personne. Elle avait osé m'écrire après cette mise en scène qu'elle avait mise en place pour faire croire à un divorce entre elle et son mari. Dans la lettre, elle me disait ceci : « *Madame, prenez patience, nous allons vous nourrir. Nous faisons le nécessaire avec notre avocat pour mettre en place un virement permanent. N'écrivez plus jamais à mon mari à notre adresse* ». C'était signé : Ruth Orsell .

Je vis rouge. Elle me cherchait vraiment cette femme ! Jusqu'au bout elle allait m'emmerder. Je lui répondis par une lettre sur le même ton et la menaçai de porter plainte pour fausse procédure de divorce. Mon écriture était tremblante, tellement j'étais en colère. Je ne cherchais même pas à faire semblant d'écrire proprement, en choisissant mes mots. C'était une femme enragée et blessée qui répondait à une provocation de plus de la femme de son ex amant. Toutes ces années de procédure m'avaient épuisée, toutefois j'avais encore la force de cracher mon venin à cette femme. Je mettais la lettre à la poste dès le lendemain matin avant que la poste ne ferme. Je voulais qu'elle reçoive ma lettre dès le lundi.

Ouf ! Ça faisait du bien de se défouler ainsi. Cette Ruth, elle voulait la guerre ; elle l'aurait. Elle avait intérêt à verser la pension à la place de son mari chéri parce que je connaissais la loi et je n'allais pas me gêner à la mettre en application s'il commettait la bêtise de payer quand il voulait. Mon avocat m'avait dit que lorsqu'un parent débiteur ne paye pas la pension, il peut aller en prison pour ça. Il suffisait de porter plainte à la police. Et je n'hésiterai pas à le faire mettre en prison, ce connard de Fred ! Lui et sa femme ne savaient vraiment pas à qui ils avaient affaire !

Cela faisait presqu'une année que la décision de justice avait été rendue. Depuis, Fred faisait des versements sporadiques de pension alimentaire, visiblement en fonction de son humeur. J'en avais vraiment plus qu'assez de ce manège. Je décidai d'attendre patiemment le délai légal de deux mois sans versement pour rappeler à ce monsieur qu'on était dans un pays de droit et que la loi qui l'obligeait à payer une pension alimentaire à mon fils, n'était pas une fantaisie du législateur. Elle devait être respectée. Il pouvait compter sur moi pour la faire respecter. Je me renseignai où était le poste de police le plus proche et je m'y rendis pour déposer une plainte en bonne et due forme pour non-paiement de pension alimentaire. Quand je rentrai chez moi après avoir porté plainte, j'exultais. J'imaginais la tête que ferait Mme Ruth Orsell et son mari chéri quand ils recevraient la convocation de la police. J'avais envie de me transformer en une petite souris rien que pour voir leur mine. La perfide fille en moi était de retour.

J'avais porté plainte au mois de juillet 2007, en novembre je recevais un virement de 1500 euros sur mon compte et les mois suivants 300 à chaque fois pour payer les arriérés de pension alimentaire. J'étais ravie.

Cela a duré environ un an à ce régime. Puis l'année suivante, il s'est remis à verser 150 euros par mois. Pour moi, le plus important c'était qu'il verse tous les mois cette pension alimentaire. Je savais qu'il ne me rembourserait jamais les frais de procédure, à moins que je prenne un huissier. Par contre, je mettais un point d'honneur à ce qu'il me verse la pension alimentaire tous les mois comme prévu.

Malheureusement en 2010, la peur du gendarme étant passé, il a recommencé à verser sporadiquement. Je suis certaine que c'était sous les conseils de sa femme. Comme elle travaillait dans l'administration, elle savait comment contourner la loi pour que je n'aille plus porter plainte à la police contre son très cher mari. Certaines femmes ne se rendent même pas compte à quel point elles infantilisent leurs maris en voulant régler les problèmes qu'ils se créent à leur place. Non seulement elles ne se rendent pas service à elles-mêmes, mais elles ne rendent pas service à leurs maris qui ainsi fuiront toujours leurs responsabilités quitte à se mettre en difficulté face à la loi.

Quand Fred s'est mis à payer la pension alimentaire une fois par trimestre, j'ai compris qu'il profitait du délai de 3 mois légaux. La caisse d'allocations familiales (CAF) ne me permettait de demander de l'aide que si je prouvais qu'il n'avait pas payé pendant trois mois consécutifs. Il l'avait bien compris et profitait au maximum du système. Cette stratégie à Lyon, avait bien fonctionné, me mettant vraiment en difficulté à une période où j'en avais le plus besoin. Je touchais l'allocation spécifique de solidarité (ASS) d'une valeur de 500 euros et 150 € de moins sur mon budget déjà restreint, je le sentais de plein fouet. La seule solution que j'avais pour que la CAF m'aide, c'était de dire qu'il ne payait pas du tout la pension. Non pas que je voulais mentir délibérément, mais c'était le seul moyen que j'avais trouvé pour obtenir un peu d'aide de la CAF. Car j'étais aux abois financièrement. Je n'en pouvais plus.

Ce jour-là en plein mois de juillet, un agent de la CAF m'a appelée, sur un ton de reproche pour me dire que monsieur Orsell (bien évidemment !) avait fourni les preuves de ses paiements, fussent-ils sporadiques, c'était quand-même des preuves qu'il payait. Je gardai le silence. Je ne sus que dire.

Elle avait raison et Fred avait gagné. Je ne pouvais plus compter sur la CAF pour m'aider à récupérer cette pension alimentaire. De plus, il fallait rembourser le trop-perçu. J'étais déjà endettée et là c'était encore pire.

J'avais entrepris un cheminement spirituel profond pour comprendre ma vie et trouver des solutions à toute cette adversité. J'avais adopté l'idée selon laquelle tout ceci n'était que temporaire. Contre mauvaise fortune, j'avais décidé de faire bon cœur. Je m'étais complètement abandonnée à la prière. Je priais environ 6 h par jour. 3 h le matin (5 h du matin à 8 h) et le soir 3 h (de 17h à 19h puis 1 h avant de dormir). C'était tout ce qui me restait comme issue, la prière. J'avais décidé qu'en ce qui concerne Fred, je n'allais plus m'en occuper, je laissais tout entre les mains de Dieu. Toujours dans cette démarche spirituelle entreprise quelques temps plus tôt, au mois de juin, juste avant l'anniversaire de Taliane et l'incident avec la CAF, j'avais décidé d'envoyer une carte postale à Fred. Je lui annonçais que j'enterrais la hache de guerre et lui demandais de me pardonner si je lui avais fait du mal. Qu'il pouvait venir voir Taliane qui avait besoin de lui car il approchait ses 7 ans. Je ne reçus jamais de réponse jusqu'à ce jour.

Plus je priais, plus je me sentais mieux. Cette situation me rappelait une amie d'enfance Aurélie. Un jour un ami, surpris de la voir s'adonner avec autant d'ardeur à la prière, lui demanda d'un ton moqueur : « Aurélie, depuis quand tu t'es mise à prier autant ? » La réponse d'Aurélie aussi désarmante que désespérée fut : « j'ai cherché la Vie, je ne l'ai pas trouvée, alors je me suis mise à prier ». Elle l'avait dit avec une telle spontanéité et un tel désarroi dans la voix que ma sœur Ursula et moi éclatâmes de rire au lieu de compatir. Nous avions 20 ans. Aurélie était une fille un peu délurée qui aimait rire, s'amuser et faire la fête avec nous. Nous ne l'imaginions pas du tout avec une Bible à la main en train de parler de prière. C'était un gag pour nous de voir notre Aurélie nationale parler du Jésus ! Nous ignorions, Ursula et moi, en ce temps-là que la prière était la voie de salut pour qui était au bord du gouffre.

Du moins en ce qui me concerne, je l'ignorais totalement. Pour ma sœur et moi prier relevait d'une tradition familiale, sans plus.

Je pensais souvent à Aurélie quand je priais autant. Je me disais que moi aussi j'avais cherché ma vie et comme je ne l'avais pas trouvée, je m'abandonnais corps et âme à la prière. Je peux dire aujourd'hui que c'est ce qui m'a sauvée dans la longue traversée du désert que j'ai connue.

∴

En 2012, j'ai rencontré Hubert, un homme au grand cœur qui m'a emmenée à Toulouse. C'est le fait que je sois investie autant dans la prière qui l'avait fasciné. Il était habitué à des filles superficielles et sophistiquées comme il disait. Apparemment, j'étais la seule fille authentique sur son tableau de chasse. En effet, en bon chasseur africain, il avait mis tous les moyens financiers en jeux pour s'assurer mes faveurs. Et moi j'étais contente de pouvoir enfin partir de cette vie misérable dans laquelle je baignais. Nous avions tous les deux notre compte.

Notre relation de couple bien que chaotique, me permit de me refaire une santé financière. J'avais décidé de ne plus me soucier de Fred. Qu'il versât ou pas la pension, je n'en avais cure. J'étais une femme entretenue et Taliane avait un beau-père qui s'occupait de ses besoins. Je pouvais oublier Fred et ses facéties.

Toutefois, en y pensant de plus près, je me suis dit que ce n'était pas juste pour Taliane. L'assistante sociale qui suivait mon dossier à Lyon m'avait conseillée de ne jamais laisser faire en matière de pension alimentaire. Si j'abandonnais, mon fils lui, serait quand même obligé, une fois adulte de s'occuper de son père si celui-ci avait un problème quelconque. Elle m'expliqua que les dettes d'aliments allaient dans les deux sens. Je m'imaginais mon fils des années plus tard bien installé dans sa vie, se retrouver à payer une pension à homme qui n'avait jamais voulu entendre parler de lui. Il allait devoir payer juste parce qu'ils portaient le même nom et avaient le même sang qui coulaient dans leurs veines. Non ce n'était pas juste. Je ne pouvais tout simplement pas accepter cette situation. S'il fallait qu'il entretienne un jour son géniteur devenu grabataire et impotent, il fallait que ce soit un juste retour des choses. C'est-à-dire que ce géniteur avait versé une pension alimentaire auparavant. Il fallait poursuivre le combat.

Cette fois-ci, à Toulouse, j'ai attendu patiemment (encore une fois) qu'il passe le cap de trois mois sans payer comme à son habitude. Souvent c'est pendant l'été que Fred oubliait de payer la pension alimentaire. Peut-être était-ce à cause de leur budget vacances qui devait être serré ? Peu importe. Toujours est-il que je fis une autre demande d'ASF (aide au soutien familial) à la CAF de Toulouse. Je pris le soin ce coup-ci d'expliquer en détails les manœuvres frauduleuses de monsieur pour contourner la loi avec preuve à l'appui. J'expliquais aussi qu'en plus d'être de mauvaise foi, depuis plus de 6 ans que le jugement fixant la pension alimentaire avait été rendu, monsieur Orsell n'avait jamais pris la peine de calculer d'indice de l'INSEE alors que la loi l'obligeait à le faire tous les ans. J'envoyai un dossier complet à la CAF.

Fred aura fait preuve de mauvaise foi jusqu'à la fin. Pour prouver ses paiements, il avait poussé le vice jusqu'à falsifier les bordereaux de paiements de la banque. Je n'en croyais pas mes yeux. J'avais l'impression que malgré toutes ces années, il n'avait toujours pas compris pourquoi il fallait verser une pension alimentaire. Nous étions en juillet 2014, en 10 ans de procédure, cet homme n'avait toujours pas noté le fait simple qu'une mère prête à tout pour défendre les intérêts de son fils.

D'abord, je décidai dans mon esprit que c'était la dernière année que j'allais avoir à lui réclamer cette pension alimentaire. Je demandai au ciel de m'aider à régler cette affaire définitivement. J'écrivis à ma banque pour vérifier les soi-disant versements de Fred. La CAF m'avait transmis les copies des bordereaux par lesquelles monsieur prouvait qu'il avait payé. Elle me répondit que c'était effectivement de faux bordereaux. J'allai à la police porter plainte pour faux et usage de faux. La police ne voulut pas enregistrer de plainte parce que c'était à la CAF de porter plainte. Je me contentai d'une main courante. Ensuite j'envoyai la copie du courrier que la banque m'avait envoyé à la CAF.

Après 3 mois de procédure avec la CAF, mon dossier de pension alimentaire fut définitivement enregistré et traité. Visiblement Fred était tombé dans son propre piège. Il ne pouvait pas nier qu'il avait transmis de faux bordereaux à la CAF.

À partir du mois d'octobre 2014, j'avais sur mon relevé de prestation CAF une rubrique intitulé « ASFR/ reversement de pension alimentaire ». Je n'avais plus à me soucier du versement de la pension alimentaire de Taliane. Je percevais tous les mois une pension alimentaire en bonne et due forme avec prise en compte du calcul selon l'indice de l'INSEE. De plus depuis quelques mois, il me versait les arriérés de pension alimentaire. Désormais je pouvais être tranquille. C'est la CAF qui s'occuperait de tout.

Vive la France pays des droits de l'enfant !

L'affaire Orsell est classée.

NOTES

PTT : Postes, télégraphes et téléphones anciens services des postes et télécommunications. Aujourd'hui plus connu sous le nom de La Poste.

DEUG : Diplôme d'études universitaires générales.

REMERCIEMENTS

Se lancer dans l'écriture de ce livre sur mon vécu a été un véritable défi aussi bien pour mon cœur qui n'était pas encore guéri des blessures du passé, au moment où j'ai commencé le manuscrit en 2014, et pour mon esprit pas encore décidé à écrire un livre de bout en bout. Il a fallu le concours de plusieurs personnes pour que ce livre voie le jour et c'est à elles que j'aimerais exprimer ma profonde gratitude.

À Tima Ouamba, l'initiateur de ce projet littéraire, sans lui je n'aurai jamais pensé à traduire en mots mon parcours. Ses encouragements et sa patience m'ont beaucoup aidée à croire en moi et à accepter le fait qu'une belle histoire d'amour même si elle se termine mal, reste une belle histoire qui vaut la peine qu'on la partage.

À Pascal Do Nascimento, mon petit oncle et meilleur ami de tous les instants qui a toujours su me booster dans les moments de doute.

À Ingrid Mabondzot, son aide m'a été précieuse dans la correction du manuscrit.

À Béatrice Tchicaya, ma petite sœur adorée, ses critiques objectives sur mon travail m'ont toujours aidée à avancer.

À Agnès Arfeuille, mon amie Infographiste à qui a su faire jouer son talent de dessinatrice pour m'offrir une couverture digne de ce nom.

Sans oublier tous les membres de ma famille qui restent mon pilier sur le chemin de la confiance en soi pour mener à bien mes projets.

19768818R00130

Printed in Poland
by Amazon Fulfillment
Poland Sp. z o.o., Wrocław